文化遗迹

古道依稀

古代商贸通道与交通

肖东发 主编　牛　月 编著

中国出版集团

现代出版社

图书在版编目（CIP）数据

古道依稀：古代商贸通道与交通 / 牛月编著. —
北京：现代出版社，2014.5（2019.1重印）
ISBN 978-7-5143-2367-2

Ⅰ．①古… Ⅱ．①牛… Ⅲ．①古道－介绍－中国
Ⅳ．①K928.78

中国版本图书馆CIP数据核字（2014）第085398号

古道依稀：古代商贸通道与交通

主　　编：肖东发
作　　者：牛　月
责任编辑：王敬一
出版发行：现代出版社
通信地址：北京市定安门外安华里504号
邮政编码：100011
电　　话：010-64267325　64245264（传真）
网　　址：www.1980xd.com
电子邮箱：xiandai@cnpitc.com.cn
印　　刷：三河市华晨印务有限公司
开　　本：710mm×1000mm　1/16
印　　张：9.75
版　　次：2015年4月第1版　2021年3月第4次印刷
书　　号：ISBN 978-7-5143-2367-2
定　　价：29.80元

　　党的十八大报告指出："文化是民族的血脉，是人民的精神家园。全面建成小康社会，实现中华民族伟大复兴，必须推动社会主义文化大发展大繁荣，兴起社会主义文化建设新高潮，提高国家文化软实力，发挥文化引领风尚、教育人民、服务社会、推动发展的作用。"

　　我国经过改革开放的历程，推进了民族振兴、国家富强、人民幸福的中国梦，推进了伟大复兴的历史进程。文化是立国之根，实现中国梦也是我国文化实现伟大复兴的过程，并最终体现为文化的发展繁荣。习近平指出，博大精深的中国优秀传统文化是我们在世界文化激荡中站稳脚跟的根基。中华文化源远流长，积淀着中华民族最深层的精神追求，代表着中华民族独特的精神标识，为中华民族生生不息、发展壮大提供了丰厚滋养。我们要认识中华文化的独特创造、价值理念、鲜明特色，增强文化自信和价值自信。

　　如今，我们正处在改革开放攻坚和经济发展的转型时期，面对世界各国形形色色的文化现象，面对各种眼花缭乱的现代传媒，我们要坚持文化自信，古为今用、洋为中用、推陈出新，有鉴别地加以对待，有扬弃地予以继承，传承和升华中华优秀传统文化，发展中国特色社会主义文化，增强国家文化软实力。

　　浩浩历史长河，熊熊文明薪火，中华文化源远流长，滚滚黄河、滔滔长江，是最直接的源头，这两大文化浪涛经过千百年冲刷洗礼和不断交流、融合以及沉淀，最终形成了求同存异、兼收并蓄的辉煌灿烂的中华文明，也是世界上唯一绵延不绝而从没中断的古老文化，并始终充满了生机与活力。

　　中华文化曾是东方文化摇篮，也是推动世界文明不断前行的动力之一。早在500年前，中华文化的四大发明催生了欧洲文艺复兴运动和地理大发现。中国四大发明先后传到西方，对于促进西方工业社会的形成和发展，曾起到了重要作用。

中华文化的力量，已经深深熔铸到我们的生命力、创造力和凝聚力中，是我们民族的基因。中华民族的精神，也已深深植根于绵延数千年的优秀文化传统之中，是我们的精神家园。

总之，中华文化博大精深，是中国各族人民五千年来创造、传承下来的物质文明和精神文明的总和，其内容包罗万象，浩若星汉，具有很强的文化纵深，蕴含丰富宝藏。我们要实现中华文化伟大复兴，首先要站在传统文化前沿，薪火相传，一脉相承，弘扬和发展五千年来优秀的、光明的、先进的、科学的、文明的和自豪的文化现象，融合古今中外一切文化精华，构建具有中国特色的现代民族文化，向世界和未来展示中华民族的文化力量、文化价值、文化形态与文化风采。

为此，在有关专家指导下，我们收集整理了大量古今资料和最新研究成果，特别编撰了本套大型书系。主要包括独具特色的语言文字、浩如烟海的文化典籍、名扬世界的科技工艺、异彩纷呈的文学艺术、充满智慧的中国哲学、完备而深刻的伦理道德、古风古韵的建筑遗存、深具内涵的自然名胜、悠久传承的历史文明，还有各具特色又相互交融的地域文化和民族文化等，充分显示了中华民族的厚重文化底蕴和强大民族凝聚力，具有极强的系统性、广博性和规模性。

本套书系的特点是全景展现，纵横捭阖，内容采取讲故事的方式进行叙述，语言通俗，明白晓畅，图文并茂，形象直观，古风古韵，格调高雅，具有很强的可读性、欣赏性、知识性和延伸性，能够让广大读者全面接触和感受中国文化的丰富内涵，增强中华儿女民族自尊心和文化自豪感，并能很好继承和弘扬中国文化，创造未来中国特色的先进民族文化。

2014年4月18日

商贸纽带——陆上丝绸之路

文明桥梁——海上丝绸之路

汉藏通途——西部茶马古道

陆上丝绸之路

丝绸在我国史前文明时期就已经产生了，可谓历史悠久。丝绸一问世便受到人们的喜爱，直至今天，丝绸仍然是最美丽、最环保的衣料之一。我们的祖先以丝绸为纽带，开启了对外开放之路，这就是举世闻名的丝绸之路。

丝绸之路的开辟，打开了我国和西方交流的大门，我国灿烂文明的光芒照亮着西方友好的邻邦，西方的文明成果也被我国广泛吸收。因此，丝绸之路就如一条闪闪发光的红丝带，永远飘扬在人类精神文明的天空。

古代丝绸业兴起发展

　　丝绸是我国历史上最早的发明之一，它与我国古代文明中的四大发明一样，都产生过世界性的影响，但是它与人们的生活密切程度以及流传之久远，却又为四大发明所不及。

　　在我国文明史的第一页，既有蚕、丝，又有练、染，而在我国史前传说中，早就有了黄帝妻子发明养蚕的故事。

■国家博物馆藏古丝绸

传说养蚕是黄帝的妻子嫘祖发明的。有一次，嫘祖在野桑林里喝水，树上有野蚕茧落下掉入了水碗，她用树枝挑捞时挂出了蚕丝，而且连绵不断，越抽越长。嫘祖受到启发，就用它来纺线织衣，并开始驯育野蚕。

另外有传说，黄帝打败了蚩尤后，"蚕神"亲自将她吐的丝奉献出来以示敬意。黄帝命人将丝织成了绢，以绢缝衣，穿着异常舒服。黄帝之妻嫘祖便去寻找能吐丝的蚕种，采桑饲蚕。采桑养蚕与制丝织绸，便成了我国古代社会几千年的基本劳作手段。

■ 古人丝绸绣花服饰

嫘祖被后世祀为先蚕，黄帝为织丝的机神。历朝历代都有王后嫔妃祭先蚕的仪式。

在江苏苏州盛泽镇，有一座建于1827年的先蚕祠，是仅存的一座祭祀蚕桑文化的祠庙。这也说明，至少在清代晚期，我国都还有祭祀先蚕祠的遗风。

另外，在我国的很多养蚕区，也都能看到一些跟先蚕祠近似的蚕神庙，也供奉着"先蚕"嫘祖。比如在苏州的祥符寺巷有一座嫘祖庙，是苏州丝织业祭奠祖师轩辕黄帝的地方。

我国古代留下的大量遗物表明，古人对养蚕、植桑非常重视。从殷墟中的大量甲骨文中，发现了很多

甲骨文 又称"契文""甲骨卜辞"或"龟甲兽骨文"，主要指中国商朝晚期王室用于占卜记事而在龟甲或兽骨上镌刻的文字，是我国已知最早的成体系的文字形式，它上承原始刻绘符号，下启青铜铭文，是汉字发展的关键形态。现代汉字即由甲骨文演变而来。

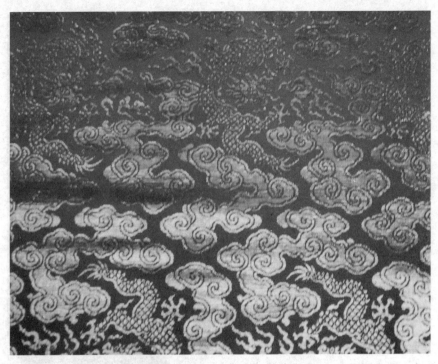

■ 古典织金云龙纹
缎面

河姆渡文化 发现于我国浙江省余姚市河姆渡镇金吾庙村的古老而多姿的新石器文化，主要分布在杭州湾南岸的宁绍平原及舟山岛，年代为公元前5000年至公元前3300年。它是新石器时代母系氏族公社时期的氏族村落遗址，反映了约7000年前长江流域氏族的情况。

有关蚕、桑、丝、帛等方面的象形文字。

此外，从甲骨文中还可以看到，当时已设有专门管理蚕事的官职，也就是女蚕，因此，养蚕在社会生活中已具有非常重要的地位了。当时，官府请群众中精通养蚕技术的人介绍经验，并给予黄金和免除兵役的奖励。

其实，蚕茧的利用以及家蚕的养殖和丝绸的生产，早在距今大约1万年前至5000多年前的新石器时代就开始了。

在山西省夏县西阴村一处遗址中，发现了一颗被割掉了一半的丝质茧壳，虽然已经部分腐蚀，但仍有光泽。

而在浙江省余姚河姆渡文化遗址中，发现了距今

7000年前的新石器时代的一个盅形雕器。在这件文物上刻有4条蚕纹，仿佛4条蚕还在向前蜿蜒爬行，头部和身躯上的横节纹也非常清晰，这应是一种野蚕。

另外，浙江吴兴的钱山漾遗址有一批丝线、丝带和没有炭化的绢片，经测定距今约4700多年，这是发现的我国南方最早的丝绸织物成品。

这块绢片呈黄褐色，为家蚕丝织成，采用平纹织法，经纬线均由20根单蚕丝并合成一股丝线，交织而成。经纬密度为经密每厘米52根，纬密每厘米45根。据此推断，当时可能已有原始的织机。

而在河南省荥阳县青台村一处距今5000多年的仰韶文化遗址中发现的丝织品，除平纹织物外，还有浅绛色罗，组织稀疏，这是北方最早的蚕丝。

在河姆渡遗址的新石器时代文化层中，不仅有木质、陶质的纺轮，还有引纬线用的管状骨针，打纬用

仰韶文化 自公元前5000年左右，持续了2000多年的时间，我国历史上的传说时代，史书记载的炎帝、黄帝等著名部族的社会生活和文化生活，都可以从仰韶文化的研究中去探索。仰韶文化分布广泛，历史悠久，内涵丰富，影响深远，是我国黄河流域华夏文化的主要代表。

商贸纽带 陆上丝绸之路

■古代穿着丝衣的乐工

■ 古代丝绸绣花袜

《史记》 西汉司马迁撰写的我国第一部纪传体通史，是二十五史的第一部。记载了上自上古传说中的黄帝时代，下至汉武帝太史元年间共3000多年的历史。《史记》最初没有书名，或称"太史公书""太史公传"，省称"太史公"。

的木机刀和骨刀以及绕线棒，等等。其他形状各异的木棍，很可能也是原始织机的组件，如木机刀和卷布木轴等，这些可能就是原始的织机。

此外，还有公元前2000多年前的龙山文化遗址中的骨梭，梭是穿线织布的工具，有了梭就会比用手牵着纬线去穿经线容易且快捷得多。

这一阶段的骨梭主要有两种：一种是扁平式的，一头有孔或两头有孔；另一种是空筒式的，一头有尖，中部有孔。另外，在四川省成都百花潭的一件战国铜壶上，可以见到一幅有名的采桑图。在战国时期，四川即已享有"天府"之誉，而早在夏商时期，蜀地也有蚕丛、柏灌、鱼凫相继为王。

据《史记》记载，黄帝育有两子，二子叫昌意，昌意后娶蜀山氏女为妻，生高阳，高阳即颛顼，继承了黄帝之位。蜀人是高阳的子孙，继承了这份事业。

古蜀国的第一代君主叫蚕丛，可见这个部族是以蚕为图腾的。

在古代文化遗址的大量铜器及玉器上，越来越多地发现有丝织物锈蚀的印痕，当时丝织品已有平纹绢、提花的回形纹绢、雷纹绢等。这说明商代我国的养蚕、丝织技术已具备相当高的水平，养蚕业已是当时农业生产的一个重要组成部分。

总的看来，养蚕抽丝好像并不是一个唯一的发源地，似乎在我国的几个地区，都有着各自不同的发明方式或传播路径，从而促进了养蚕抽丝业的发展。

丝织业在发明后的几千年里，桑蚕丝织与粮食生产一样重要，是我国古代农业最基本的活动之一，也是古代政治家重点关注的产业经济和财税来源。

我国古代农村的基本生活就是种粮和养蚕，城乡最普及的手工业也是与此有关的织丝和刺绣，它比制茶、制瓷都要普及得多。

自公元前1046年至公元前256年的周代开始，已有周王后率领后妃们举行"亲蚕"和"亲缫"的礼

刺绣 我国民间传统手工艺之一，在我国至少有两三千年历史。是指用针线在织物上绣制的各种装饰图案的总称。就是用针将丝线或其他纤维、纱线以一定图案和色彩在绣料上穿刺，以缝迹构成花纹的装饰织物。它是用针和线把人的设计和制作添加在任何存在的织物上的一种艺术。

■ 古代织布场景泥塑

仪，每年新年都要举行皇帝亲耕、皇后亲桑的仪式。

周朝时，我国已经设立了专门的蚕桑管理机构。随着战国、秦、汉时代经济大发展，丝绸生产达至一个高峰，几乎所有的地方都能生产丝绸。丝绸的花色品种也丰富起来，主要分为绢、绮、锦三大类。锦的出现是我国丝绸史上一个重要的里程碑，它把蚕丝的优秀性能和美术结合起来。这样，丝绸就不仅是高贵的衣料，而且是艺术品，大大提高了丝绸产品的文化内涵和历史价值，影响相当深远。

从殷商时期开始，桑树的种植面积和养蚕区域渐渐扩大，丝绸的生产也逐步发展、繁荣。因为有了丝绸，中华大地丝衣飘飘，霓裳艳影，日益流光溢彩，我国的广袤国土始被称为锦绣河山。

至秦汉时期，丝织业不但得到大发展，而且随着汉代我国对外大规模扩展影响，丝绸的贸易和输出达至空前繁荣的地步。

阅读链接

在古代，丝绸就是以桑蚕丝为主，也包括少量的柞蚕丝和木薯蚕丝织造的纺织品。现代由于纺织品原料的扩展，凡是经线采用了人造或天然长丝纤维织造的纺织品，都可以称为广义的丝绸。而纯桑蚕丝所织造的丝绸，又特别称为"真丝绸"。

汉族劳动人民是首先生产使用丝绸的民族，其制作的丝绸制品更是开启了世界历史上第一次东西方大规模的商贸交流，史称"丝绸之路"。

丝绸织品技术曾被我国垄断数百年，由于其编制技术在当时是一种复杂的工艺，又因其特有的手感和光泽备受人们的关注。因而丝织品成为工业革命以前世界主要的国际贸易物资。最早丝绸织品只有帝王才能使用，但丝绸业的快速发展使丝绸文化不断地从地理上、社会上渗透进入中华文化。并成为我国商人对外贸易中一项必不可少的高级物品。

丝绸之路显现的雏形

    丝绸之路的开辟是一个伟大的创举，当然其中也经历了常人想象不到的艰难，付出了许许多多的辛苦。

    早在远古时期，就开始有了丝绸之路的雏形，但是那时还只是雏形，不像后来那样贯通和顺畅，而且也并不只是为丝绸贸易来开通的。

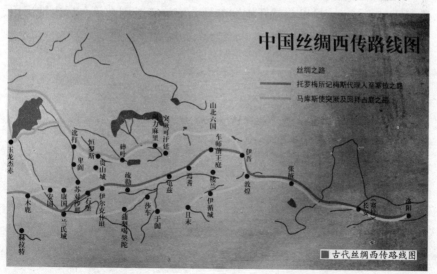

■古代丝绸西传路线图

黄河流域 是中华民族文明的发祥地，半坡氏族是中国黄河流域氏族公社的典型代表，4000年前，黄帝和炎帝部落结成联盟，在黄河流域生活、繁衍，构成华夏族的主干部分。到宋元以前，黄河流域一直是我国经济发展的重心，创造了高度发达的农业文明。

那个时候，虽然人类交往常常面临各种难以想象的艰险和困难的挑战，但是欧亚大陆之间并没有隔绝。那时，在尼罗河流域、两河流域、印度河流域和黄河流域北部的草原上，存在着一条由许多不连贯的小规模贸易路线衔接而成的草原之路。

这一点已经被沿路为数不少的发现所证实。这条路就是最早的丝绸之路。

早期的丝绸之路并不是以丝绸为主要交易物资的。在公元前15世纪左右，我国商人就到塔克拉玛干沙漠边缘，购买产自新疆地区的和田玉石，同时出售海贝等沿海特产，同中亚地区进行小规模贸易往来。

这时，良种马及其他适合长距离运输的畜力也开始被人们使用，这就使大规模的贸易和文化交流成为可能。

耐渴、耐旱、耐饿的单峰骆驼，在公元前11世纪便用于商旅运输；而分散在亚欧大陆的游牧民族在更早以前就开始饲养马；双峰骆驼则在不久后也被运用

■ 古代商人

在商贸旅行中。

　　另外，欧亚大陆腹地有广阔的草原和肥沃的土地，对于游牧民族和商队而言，可以随时随地停留下来，就近补给水、食物和燃料。这样一来，商队、旅行队或军队，可以在沿线各强国没有注意到他们的存在或引发敌意的情况下，进行长途旅行。

　　在商代帝王武丁配偶的坟茔中，人们发现了产自新疆的软玉。这说明至少在公元前13世纪，我国就已经开始和西域乃至更远的地区进行商贸往来。

　　依照晋人郭璞在《穆天子传》中的记载，公元前963年，周穆王曾携带丝绸、金银等贵重商品西行至里海沿岸，归途中将和田玉带回我国。虽然这种说法或许存在疑点，但是在丝绸之路沿线的各个地方，确实发现了不少丝绸制品。

　　在战国时期，中原地区已经有了相当规模的对外经济交流活动。

和田玉 是一种软玉，俗称真玉。质地致密、细腻、温润、坚韧、光洁。产于新疆维吾尔自治区，与陕西蓝田玉、河南南阳玉、甘肃酒泉玉、辽宁岫岩玉并称为我国五大名玉。和田玉是我国玉文化的主体，是中华民族文化宝库中的珍贵遗产和艺术瑰宝，具有极为深厚的文化底蕴。

■ 西域丝绸之路浮雕 浮雕是雕塑与绘画结合的产物，用压缩的办法来处理对象，靠透视等因素来表现三维空间，并只供一面或两面观看。汉代浮雕图案多雕刻于砖、石上，其表现内容十分广泛，涉及汉代政治、经济、社会生活等各个方面。由于具有教化、纪念等实用功能，这种艺术在汉代十分流行。

《史记·赵世家》中记录了苏厉与赵惠文王对话时说的话："马、胡犬不东下，昆山之玉不出，此三宝者非王有已。"苏厉指出赵国通过对外贸易获得财富的事实。

"昆山之玉"即为昆仑山下出产的软玉，"胡犬"则是产自中亚、西亚的一种狗。从侧面证实了那时存在对外经济交流的事实。

公元前5世纪左右河西走廊的开辟，带动了我国对西方的商贸交流，西域地区诸如鄯善、龟兹等国家在这一时期相继出现。而当时的欧洲国家已经开始用"赛里斯"称呼我国。这种小规模的贸易交流，说明在汉朝以前东西方之间已经有了长时间的贸易交流。

不仅仅是丝绸，丝绸之路上另一件著名的商品，产自阿富汗巴达克山的名贵宝石青金石，早在公元前31世纪就开始出现在我国、印度和埃及。这意味着中亚地区的商旅贸易开始的时间要早些。

大约过了1000年，青金石的贸易开始传入印度的哈拉帕。后来，青金石成为佛教七宝之一。很多发现证明，世界上最早出现的文明古国之一埃及，在很早以前就开始与北非、地中海及西亚之间进行贸易。

有关证据显示，在公元前14世纪前后，埃及人已经造出了船。在埃及，人们还发现了距今5000多年前产自阿富汗的青金石，说明埃及人在那个时期已经开始沿着这条后来被称为"丝绸之路"的道路，展开了一定规模的贸易。

公元前1070年左右的丝绸残片被发现，证实那个时期埃及已经与我国有了间接的贸易往来。不过此后很长一个时段内再没有丝绸的影子，说明丝绸在埃及受到冷落。

这些公元前11世纪留下来的丝绸，究竟是我国养蚕加工的丝绸，还是来自地中海沿岸或者中东的"荒

西域 狭义指我国汉代以来对玉门关、阳关以西，葱岭即今帕米尔高原以东，巴尔喀什湖东、南及新疆广大地区。而后来发展为广义的西域，则是指凡是通过狭义西域所能到达的地区，包括亚洲中、西部，印度半岛的地区等。

■ 丝绸之路遗迹

野丝"织造而成的呢？

统一巴比伦和波斯的阿契美尼德王朝帝王大流士一世，在他的统治期间，即公元前521年至前485年，四处扩张，建立了在中、西亚的地区霸业。史料记载，这位帝王喜爱爱琴海生产的鲜鱼和故乡帕提亚的水。

为此，大流士建立了一条连接安息帝国首都苏萨和小亚细亚以佛所等地的"波斯御道"。御道仅供王室使用，在沿线设立许多驿站，每个驿站备有许多好马和好驭手，皇室所需要的一切通过这条御道送至首都，再将帝王的指令传播到波斯全国。

通过御道，向大流士进献快信的人只需9天就可以到达首都，而普通人走完这段路程需要3个月。

安息利用这样一条贯穿全国的御道，加强了朝廷的统治，另一方面也直接推动了这一地区的商贸活

大宛 古代中亚国名。位于帕米尔西麓，锡尔河中上游，当今乌兹别克斯坦费尔干纳盆地。张骞通西域时首先到达大宛。

■ 丝绸之路遗迹

■高昌古城遗址

动。亚历山大在建立横跨欧、亚、非三洲的大帝国后，他的继承者托勒密一世，在公元前323年最终控制了埃及。

希腊人开始积极推动小亚细亚、印度和东非之间通过希腊管辖的港口进行贸易活动，同时，在陆地上的贸易领域，希腊人也非常活跃。这一时期欧亚之间经贸繁荣不仅是希腊人的成绩，地处阿拉伯半岛及中亚的阿拉伯人，尤其是那巴提斯人也起到不可忽视的作用。

希腊人利用帝国在中亚及其以东的扩张，来打通并控制了丝绸之路，帝国东部边境也许已经延伸至今吉尔吉斯斯坦费尔干纳处的大宛国和我国新疆西部。

在这一带，曾发现了亚历山大大帝在公元前329年所建立的城市苦盏，苦盏被希腊人称为"极东亚历山大城"，即亚历山大东征的最远处。

在这之后的300年间，希腊人保持了这个庞大帝国在亚洲的统治。

塞琉古帝国的将领欧提德姆斯占据大夏和粟特而独立，他和他的儿子德米特里向四周塞族人地区、安息和大宛扩张领土，继续沿着亚

中原 指以河南为核心延及黄河中下游的广大地区，这一地区是中华文明的发源地，被古代华夏民族视为天下中心。中原地域随着华夏民族的大融合，以及中原文明的扩展而有所蔓延。一些夏商时期尚属夷蛮戎狄的周边地区，随着中原文化的传播，也被纳入中原文化区。

古道依稀

古代商贸通道与交通

历山大过去的道路向西拓展。

在公元前230年至前200年，大夏国王欧提德姆斯执政时期，大夏版图达到极致。

大夏控制的土地不仅超越了复次忽毡，而且他们的侦察队在公元前200年左右已经到达过喀什，这是有据可考的最早的一次我国与西方之间的联系。

古希腊历史学家评价这次行动说："他们甚至将自己的国土拓展至中国和弗林尼。"

但这种交流还不能完全等同于公元前1世纪繁荣的丝绸之路，也没有持续下来。

随着游牧民族的不断强盛，他们同定居民族之间发生了不断争斗，也在不断分裂、碰撞、融合，这使原始的文化贸易交流仅存在于局部地区之间。

经济文化的交流需要一个相对安定和平的环境，在这种动乱的环境下，当时的东西方之间并没有深刻的了解，在文化上的交流更是少之又少，就连上古曾

■ 高昌古城远景

经存在过的贸易往来，这时也变成了传说故事。

至秦汉时期，我国的丝织业不但得到大发展，而且随着汉代我国对外的大规模扩展影响，丝绸的贸易和输出达到空前繁荣的地步。贸易的推动使得中原和边疆以及我国和东西邻邦的经济、文化交流进一步发展。

这些都说明，与丝绸之路有关的地区之间进行大规模交通的要素已经具备，出入我国的河西走廊和连通大陆上各国的道路业已为游牧民族所熟知。这些地区之间的分裂、碰撞、融合，都从客观上产生了丝绸之路的雏形。

阅读链接

在上古时期末，随着各定居强国的不断反击和扩张，这些国家之间往往发生了直接接触。

如西亚地区马其顿亚历山大的东征、安息王朝与罗马在中亚和地中海沿岸的扩张，大夏国对阿富汗北部、印度河流域的统治，以及促使张骞奔向西域的大月氏西迁。

而且在我国与欧洲之间的西域地区，小国林立，中亚地区还时有战乱。控制着西域西北和我国北方的匈奴非常强大，它控制着西域诸国，与周边民族以及我国中原王朝之间争斗不止。

西汉张骞开辟丝绸之路

张骞像

西汉建国时，在北方边境，时时受到一个强大的游牧民族匈奴的威胁。匈奴奴隶主贵族经常率领强悍的骑兵，侵占汉朝的领土，骚扰和掠夺中原居民。

公元前200年冬，冒顿单于率骑兵围攻晋阳，即今山西省太原。刘邦亲领32万大军迎战结果被围，几乎全军覆灭。从此，刘邦再不敢对北方匈奴用兵。

后来的惠帝、吕后和文景两帝，考虑到物力、财力

■张骞受命去西域

的不足，对匈奴也都只好采取和亲、馈赠及消极防御的政策。但匈奴贵族，仍骚扰边境不止。

文帝时代，匈奴骑兵甚至深入甘泉，进逼长安，严重威胁着西汉王朝的安全。

公元前140年，年仅16岁的西汉第四代皇帝汉武帝刘彻即位。此时，汉王朝已建立60余年，政治统一，中央集权进一步加强，社会经济得到恢复和发展，并逐步进入了繁荣时代，国力已相当强盛。

汉武帝决定用武力彻底解决匈奴威胁，具体计划是策动西域各地，与汉朝联合打击匈奴。

在河西敦煌、祁连一带曾住着一个游牧民族大月氏，后来多次被匈奴打败被迫西迁，但他们时刻准备对匈奴复仇，恢复故土。

汉武帝根据这一情况，决定联合大月氏，共同夹

刘邦 汉朝开国皇帝，我国历史上杰出的政治家、战略家。对汉族的发展中国的统一强大，以及汉文化的发扬有突出的贡献。登基之后，他建章立制并采用休养生息之宽松政策治理天下，迅速恢复生产发展经济，不仅安抚了人民，也促成了汉族雍容大度的文化基础。

持节不失

■ 张骞在西域持节不失

堂邑父 是我国汉朝时的西域胡人，本名甘父，另说姓堂邑名甘父，亦说字胡奴甘父，为堂邑县一贵族家奴仆，所以又称堂邑父。战争中被俘虏，被释放后加入汉军，是优秀的射手。公元前138年，随张骞去西域，做助手和向导，归国后汉武帝封他为"奉使君"。

击匈奴。于是，下令选拔人才去西域。当汉武帝下达诏令后，一直满怀抱负，渴望为国建功立业的张骞挺身应募，毅然挑起国家和民族的重任，勇敢地踏上了征途。

张骞，西汉汉中成固人，也就是今天的陕西城固县人，汉武帝刘彻即位时，张骞已在朝廷担任称作郎的侍从官。

公元前139年，张骞奉命率领100多人，从陇西即今甘肃省临洮出发。一个归顺的胡人、堂邑氏的家奴堂邑父，自愿充当张骞的向导和翻译。

他们西行进入河西走廊，这一地区自月氏人西迁后，已完全为匈奴人所控制。正当张骞一行匆匆穿过河西走廊时，不幸碰上匈奴的骑兵队，张骞的队伍全部被抓获。

匈奴单于为软化、拉拢张骞，打消其去大月氏的念头，对他展开了种种的威逼利诱，还给张骞娶了一个匈奴女子为妻，并生了孩子。但张骞始终没有忘记自己的使命，没有动摇为汉朝通使大月氏的决心。

张骞等人在匈奴一直被扣留了10年之久。公元前129年，敌人的监视渐渐有所松弛。

一天，张骞趁匈奴人不备，果断地离开妻儿，带领其随从，逃出了匈奴王庭，向西边的大月氏奔去。

但这时，形势又发生了变化，大月氏人已从伊犁河流域西迁了。这时的大月氏人，由于新的国土十分肥沃，物产丰富，并且距匈奴和乌孙很远，外敌侵扰的危险已大大降低，他们也就改变了态度。

当张骞向他们提出建议时，他们已无意向匈奴复仇了。加上他们又认为汉朝离大月氏太远，如果联合攻击匈奴，遇到危险不好相助。

大月氏 在我国先秦时代的古籍中，或译作禺知、禺氏、牛氏等，后来也有译作月支的。大月氏是公元前2世纪以前居住在我国西北部、后迁徙到中亚地区的游牧部族。

■ 张骞受困中艰难度日

羌人 曾是古东方大族，形成于青藏高原地区。是古中原地区最著名的民族共同体之一，从"三皇五帝"至春秋战国之际，"姜姓"族群在中原政治、经济等领域始终占有重要的地位，是"华夏族"的重要组成部分。实际上，"姜""羌"本是一字，因姓氏称之"姜"，为族名称之"羌"，以羊为图腾。

张骞等人在大月氏逗留了一年多，但始终未能说服大月氏人与汉朝联盟，夹击匈奴。

公元前128年，张骞动身返国。归途中，张骞为避开匈奴控制区，越过葱岭后，他们不走来时所走的塔里木盆地北部的北道，而改为沿塔里木盆地南部，进入羌人地区。

但羌人这时也已沦为匈奴的附庸，张骞等人再次被匈奴骑兵抓住，又被扣留了一年多。

公元前126年初，匈奴发生内乱，张骞趁机带着自己的匈奴族妻子、孩子和堂邑父，逃回长安。

张骞第一次去西域，历时13年，出发时队伍共100多人，回来时仅剩下张骞和堂邑父两人，所付出的代价非常之高。

张骞这次远征，虽然没有达到预期目的，但是使我国的影响到达了葱岭东西。自此以后，不仅使新疆

■张骞西行画面

■ 张骞与西域各民族交流

一带同内地的联系日益加强，而且我国同中亚、西亚以至南欧的直接交往也逐渐密切了起来。

后人正是沿着张骞的足迹，走出了誉满全球的丝绸之路。史书上把张骞的首次西行誉为"凿空"，即空前探险。这是历史上我国派往西域的第一个使团。

汉武帝对张骞去西域的成果非常满意，特封张骞为太中大夫，授堂邑父为奉使君，以表彰他们的功绩。

张骞第一次去西域所获得的关于中原外部世界的丰富知识，在以后西汉王朝的政治、军事、外交活动和对匈奴战争中，发挥了积极的作用，并产生了深远的影响。

在此以前，汉代的君臣根本不知道，在我国的西南方有一个身毒国的存在。张骞在大夏时，忽然看到四川的土产邛竹杖和蜀布，他感到十分诧异，追问它们的来源。

大夫 我国古代官名。西周以后先秦诸侯国中，在国君之下有卿、大夫、士三级。大夫世袭，有封地。后世遂以"大夫"为一般任官职之称。秦汉以后，中央要职有御史大夫，备顾问者有谏议大夫、中大夫、光禄大夫等。至唐宋尚有御史大夫及谏议大夫之官，至明清废。

■张骞与西域各民族交流的场景

大夏人告诉他，是大夏的商人从身毒买来的，而身毒国位于大夏的东南方。

回国后，张骞向汉武帝报告了这一情况。并推断，大夏位居我国的西南，距长安5000多千米，身毒在大夏东南数千千米，从身毒到长安的距离不会比大夏到长安的距离远。

而四川在长安西南，身毒有蜀的产物，这证明身毒离蜀不会太远。

据此，张骞向汉武帝建议，遣使南下，从蜀往西南行，另辟一条直通身毒和中亚诸国的路线，以避开通过羌人和匈奴地区的危险。

汉武帝基于沟通同大宛、康居、大月氏、印度和安息等国的直接交往，扩大自己的政治影响，从而达到彻底孤立匈奴的目的，欣然采纳了张骞的建议，并命张骞去犍为郡，即今四川省宜宾亲自主持其事。

自远古以来，我国西南各少数民族同中原王朝基本上处于隔绝状态。到西南去，当时是十分艰难的。

公元前122年，张骞派出4支探索队伍，分别从四川的成都和宜宾出发，向身毒进发，但后来都因受阻而先后返回。这次西行，虽然没达到目的，但是却增进了西南各地的少数民族和汉朝的相互了解。

后来，汉王朝更注意加强同西南各国的联系。

至公元前111年，汉王朝正式设置胖柯、越僬、沈黎、汶山、武都5郡，以后又置益州、交趾等郡，基本上完成了对西南地区的开拓。

张骞从西域返回长安后，汉朝抗击匈奴侵扰的战争已进入了一个新的阶段。探险西南的前一年，张骞曾直接参加了对匈奴的战争。

公元前123年2月和4月，大将军卫青两次出兵进攻匈奴，汉武帝命张骞以校尉的职位，跟从大将军出击漠北。

当时，汉朝军队行进于千里塞外，在茫茫黄沙和无际草原中，给养供给相当困难。

张骞发挥他熟悉匈奴军队特点、沙漠行军经验和地理知识丰富的优势，为汉朝军队做向导，指导行军路线和扎营布阵事宜。由于他"知水草处，军得以不乏"，保证了战争的胜利。

事后论功行赏，汉武帝封张骞为"博望侯"。

卫青　西汉武帝时的大司马大将军。卫青开启了汉对匈战争反败为胜新篇章，七战七捷，无一败绩，为北部疆域的开拓作出重大贡献。卫青为历代兵家所敬仰，善于以战养战；用兵敢于深入，奇正兼擅；为将号令严明，与士卒同甘苦；威信很高，位极人臣，但从不养士。

■ 张骞塑像

■ 张骞去西域阳关
遗址

公元前121年,张骞又奉命与"飞将军"李广率军出右北平,即今河北省东北部地区,进击匈奴。李广率4000骑做先头部队,张骞带领万骑殿后。结果李广孤军冒进,陷入匈奴左贤王4万骑兵的重围。

李广率领部下苦战一昼夜,张骞兼程赶到,匈奴始解围而去。张骞却因为误了期限被贬为庶人,从此离开了军队生活。

公元前119年,张骞升任中郎将,朝廷派他第二次去西域。张骞立即带队踏上了漫漫征程。经4年时间,张骞率领团队先后到达乌孙国、大宛、康居、大月氏、大夏、安息、身毒等地。

张骞第一次去西域各国是为了结盟,以对付强悍的匈奴。在张骞归国详细报告了西域各地的情况后,汉武帝根据变化了的形势,毅然调整了策略。第二次去西域目的变成了"广地万里,重九译,威德遍于四海"。

为了促进西域与长安的交流，汉武帝招募了大量身份低微的商人，政府为他们准备好货物，鼓励他们到西域各地经商。

这些具有冒险精神的商人后来大部分成为富商巨贾，他们的榜样作用吸引了更多的人踏上丝绸之路，从事贸易活动，极大地推动了西汉与西域之间的物质文化交流。

张骞两次去西域，不仅开拓了汉朝与西方诸国贸易的"丝绸之路"，也成为我国历史上第一个走出国门的使者。

同时，也通过它的外交实践，第一次张扬起平等、诚信交往的理念，为我国汉朝的昌盛和后世的对外开放奠定了坚实的基础，产生了深远的影响。

同时，张骞也开辟了中西文化交流的通道，加强了西汉与西域地区的联系，对世界文明产生了深远的影响。

汉朝出于对匈奴不断骚扰与丝路上强盗横行的状况考虑，决定对西域加强控制。公元前60年，设立了直接管辖机构"西域都护府"。

以汉朝在西域设立官员为标志，丝绸之路这条东西方交流之路开

■商队塑像

始进入繁荣的时代。

张骞通西域以后，我国和中亚及欧洲的商业往来迅速增加。通过这条贯穿亚欧的大道，我国的丝、绸、绫、缎、绢等上等的丝织品，源源不断地输向中亚和欧洲。

希腊、罗马人称我国为赛里斯国，称中国人为赛里斯人。所谓"赛里斯"，就是丝绸的意思。

"丝绸之路"把西汉同中亚许多国家联系起来，促进了它们之间的政治、经济和军事、文化的交流。由于我国历代封建中央政府都称边疆少数民族为"夷"，所以张骞去西域也促进了汉夷之间的第一次文化交融。

西域的核桃、葡萄、石榴、蚕豆、苜蓿等10多种植物逐渐在中原栽培。龟兹的乐曲和胡琴等乐器，丰富了汉族人民的文化生活。汉军在鄯善、车师等地屯田时使用地下相通的穿井术，习称"坎儿井"，在当地逐渐推广。此外，大宛以西到安息国都不产丝，也不懂得铸铁器，后来汉的使臣和散兵把这些技术传了过去。我国蚕丝和冶铁术的西进，对促进人类文明的发展贡献甚大。

张骞两次去西域，沟通了亚洲内陆交通要道，开启了中原与西域各国的联系，促进了东西方经济文化的广泛交流，开辟了著名的"丝绸之路"，并为后来西汉政府设置西域都护府打下了基础。

阅读链接

19世纪末，德国地质学家李希霍芬将张骞开辟的这条东西大道誉为"丝绸之路"。德国人胡特森在多年研究的基础上，撰写成专著《丝路》。从此，丝绸之路这一称谓得到全世界的承认。

当时，李希霍芬所说的"丝绸之路"指的是"从公元前114年至公元127年，我国与河间地区以及印度之间，以丝绸贸易为媒介的西域交通路线"。

班超正式打通丝绸之路

　　西汉王朝没落之后，王莽的新王朝建立没几年，他在公元1世纪就展开了改革，但地主贵族纷纷起来反对，东汉王朝随之建立，王莽的新王朝不过维持了15年，成了我国历史上最短命的王朝。

■ 喀什丝绸之路遗址

■ 场面壮观的古代
商队场景

古道依稀

古代商贸通道与交通

郡 古代的行政
区域，始见于战
国时期。我国秦
代以前比县小，
从秦代起比县
大，叫郡县。
秦统一天下设
三十六郡，后汉
起，郡成为州的
下级行政单位，
介于州刺史部、
县之间。隋朝废
郡制，以县直隶
于州。唐朝道、
州、县，武则天
时曾改州为郡，
很快又恢复了。
明清时代称府。

我国由于改朝换代的大混战，无力西顾。公元16年，西域各地断绝了与大新帝国的联系，丝绸之路中断了。

这时，西域的莎车想趁此机会武力统一西域，不断向周边国家攻击。公元45年，车师后国、鄯善、焉耆等地，联合派人到洛阳要求朝廷派遣总督保护。

但我国当时正在大混战中，人口锐减国力不足，而北方的匈奴汗国仍然对峙，东汉政府不得不拒绝他们的要求，送请他们回去。

这些人听到消息万分恐慌，向敦煌郡长请求："朝廷不派总督，我们也没办法勉强，但是请许可我们住在敦煌，表示朝廷并没有遗弃我们，假装总督随时可到我们这里，借此能对莎车起到阻吓的作用。"不由分说，他们都留在了敦煌。但仅过了一年，由于耐不住敦煌的寂寞，便纷纷自行回去了。

　　这时候，莎车王就明确地了解到汉朝廷是不会派遣总督的，大为高兴，大肆侵略各周边给地，大败鄯善军团，击斩龟兹。鄯善王再次请求汉朝的友好援助，并做出无可奈何的威胁："如果得不到帮助，我们将臣服匈奴汗国来对抗莎车。"

　　汉朝廷仍然没有做出决断，就这样各地就只能投靠另一棵大树匈奴汗国了。

　　弹指一挥间，28年过去了。

　　公元73年，汉王朝开始对北匈奴展开攻击，大将窦固深入天山，在现在新疆哈密地区搞兵团屯垦，并派遣他的一位部将班超去西域。

　　班超，字仲升，扶风郡平陵县人，是我国著名的史学家班彪的小儿子。他为人很有志向，不拘小节，但品德很好，在家中每每从事辛勤劳苦的粗活，一点也不感到难为情。同时班超还很有口才，广泛阅览了许多书籍。

　　公元62年，班超的哥哥班固受朝廷征召前往担任校书郎，他便和母亲一起随从哥哥来到洛阳。因为家中贫寒，他常常受官府所雇以抄书来谋生糊口。

　　天长日久，班超感到非常枯燥。他曾经停止工作，将笔扔置一旁叹息道："身为大丈夫，虽没有什么突出的计谋才略，但总应该学学在国外建功立业的傅介子和

班超塑像

侯 即我国古代的侯爵。从我国周代开始，爵位分为公、侯、伯、子、男爵，都是世袭周替，封地也都称国，在封国内行使统治权。各诸侯国内，置卿、大夫、士等爵位，后也泛指对士大夫的尊称，比如"侯门"等。

从事 作为官名源于汉武帝时期，有刺史属吏之称，分为别驾从事史、治中从事史等，主要职责是主管文书、察举非法，后从事改为参军。

张骞，以封侯晋爵，怎么老是干这笔墨营生呢？"

周围的同事们听了这话都笑他。班超便说道："凡夫俗子又怎能理解志士仁人的襟怀呢？"

后来，他去见一个看相先生，这人对他说："你的先辈虽是平民百姓，但你日后定当封侯于万里之外。"

班超想问个究竟。这算命的指着他说："你有燕子一般的下巴，老虎一样的头颈，燕子会飞，虎要食肉，这是个万里封侯的命相。"

过了好久，明帝有一次问起班固："你弟弟现在在哪里？"

班固回答说："在帮官府抄书，以此所得来供养老母。"

于是明帝任命班超为兰台令史，后来因犯了小错误而被免官。

公元73年，奉车都尉窦固带兵去与匈奴作战，这

■ 班超出行西域浮雕

时朝廷就任命班超为假司马随军出征，窦固让班超率领一支军队去攻打伊吾，双方交战于蒲类海，班超打了一个大胜仗回来。窦固认为他很有才干，于是便派遣他和从事郭恂一起去西域。

经过短暂而认真的准备之后，班超就和郭恂率领36名部下向西域进发。他们首先至鄯善，鄯善王广接待他们礼节非常恭敬周到，但不久突然变得怠慢起来。

班超对他的随从人员说："你们难道没觉察鄯善王广的态度变得淡漠了吗？这一定是北匈奴有使者来到这里，使他犹豫不决，不知道该服从谁好的缘故。头脑清醒的人能够预见到还未发生的事情，何况现在已明摆着呢？"

于是班超找来一个服侍汉使的鄯善人，诳骗他说："我知道北匈奴的使者来了好些天了，现在住在哪里？"这侍者一慌张害怕，就将实情全都招认了。

班超便关押了这个侍从，将一起去的36个人全部召集起来，与大家一同喝酒。

等喝到非常痛快的时候，顺势用话煽动他们说："你们诸位与我都身处边地异域，要想通过立功来求得富贵荣华。但现在北匈奴的使者来了才几天，鄯善王广对我们便不以礼相待了。如果一旦鄯善王把

■ **玉门关遗址** 位于甘肃省敦煌市城西北的戈壁滩上，一名小方盘城，是长城西端重要关口。它是历史上中原和西域诸国来往及邮驿之路，也是古代"丝绸之路"北路必经的关隘。

司马 我国古代官员名称，殷商时代始置，位次三公，与六卿相当，与司徒、司空、司士、司寇并称五官，掌军政和军赋，春秋、战国沿置。汉武帝时置大司马，作为大将军的加号，后亦加于骠骑将军，后汉单独设置，皆开府。隋唐以后为兵部尚书的别称。

我们缚送到北匈奴去，我们不都成了豺狼口中的食物了吗？你们看这怎么办呢？"

大家都齐声说道："我们现在已处于危亡的境地，是生是死，就由你司马决定吧！"

班超便说："不入虎穴，焉得虎子。现在的办法，只有乘今晚用火进攻匈奴使者了，他们不知我们究竟有多少人，一定会感到很害怕，我们正好可趁机消灭他们。只要消灭了他们，鄯善王广就会吓破肝胆，我们就大功告成了。"

众人提议道："应当和郭从事商量一下。"

班超说："是凶是吉，在于今日一举。郭从事是个平庸的文官，他听到这事必定会因为害怕而暴露我们的行动计划，我们便会白白送死而落下不好的名声，这就称不上是壮士了。"

大家说："好。"

天一黑，班超就带领兵士奔袭北匈奴使者的住地。当晚正好刮起大风，班超吩咐10个人拿了军鼓，隐藏在屋子后面，相约："一见大火烧起，就立刻擂鼓呐喊。"其余人都带上刀剑弓箭,埋伏在门的两旁。

于是班超亲自顺风点火,前后左右的人便一起擂鼓呼喊。匈奴人一片惊慌。班超亲手击杀了3人,部下也斩得北匈奴使者及随从人员30多人,还有100多人统统被烧死在里面。

第二天一早,班超才回去告诉了郭恂。郭恂一听大惊失色,但一会儿脸色又转变了。

班超看透了他的心思,举手对他说:"你虽未一起行动,但我班超又怎么忍心独占这份功劳呢?"

郭恂这才高兴起来。

接着,班超就把鄯善王广请来,将北匈奴使者的头给他看,鄯善举国震恐。班超趁势对鄯善王晓之以理,又安抚宽慰了他一番,于是接受鄯善王的儿子作为人质。

班超回去向窦固汇报,窦固十分高兴,上疏朝廷详细报告班超的功劳,并请求另行选派使者去西域。

汉明帝很赞赏班超的胆识,就下达指令于窦固:"像班超这样得力的使臣,为什么不派遣他,而要另选别人呢?可以提拔班超做军司马,让他继续完成去西域的任务。"

班超再次接受了使命,窦固想叫他多带些人马,他说道:"我只

■丝绸之路上的烽火台遗址

要带领原来跟从我的30余人就足够了，如果发生意外，人多了反而更增加累赘。"

当时，于阗王广德刚刚打败了莎车，一时声威大振，雄霸南道，而北匈奴又派了使者来监护他。班超西行，首先到达于阗，他发现广德王态度十分冷淡。

同时，于阗这个地方的风俗很迷信神巫。巫神散布谣言说："天神发怒了，你们为什么想去归顺汉朝？汉使有一匹嘴黑毛黄的好马，你们赶快把它弄来给我祭祀天神！"

于阗王广德听了就差人向班超索取那匹骝马。

班超暗中已得知这一阴谋，但仍满口答应献出此马，只不过提出要让巫神亲自来索取才行。不一会儿巫神来到，班超立即砍下了他的脑袋，亲自去送给于阗王广德，并就此事责备他。

广德早就听说班超在鄯善国诛灭匈奴使者的事，因而非常惶恐不安，便下令攻杀北匈奴的使者而归降班超。班超重重赐赏了广德及其臣下，于阗国就这样安抚镇定了。

古道依稀

古代商贸通道与交通

■ 丝绸之路上的莎车古城遗址

那时，龟兹国王建是在北匈奴支持下上台的，他倚仗着北匈奴的势力，占据西域北道，攻破疏勒国，杀死国王，另立了龟兹人兜题为疏勒王。

盘橐城遗址

第二年春天，班超带领部下取道小路，来到疏勒国，离兜题所居住的盘橐城只有50千米，预先派部下田虑去劝告兜题降汉。

还告诉田虑说："兜题本非疏勒人，疏勒国民一定不会为他尽忠效命的，他如果不肯投降，就将他扣押起来。"

田虑到达那里，兜题看到他孤单力微，一点儿也没有归降的意思。田虑乘他不提防，就突然上去擒获他并捆绑起来。兜题手下的人大出意外，都吓得逃走了。

田虑派人飞马驰报班超，班超马上开赴城中，召齐疏勒文官武将，历数龟兹王兜题的条条罪状，另立原来国王的侄子忠做疏勒国王，疏勒人都非常高兴。

新国王忠和他的下属官员都请求杀掉兜题，班超却不同意，为了显示威信于西域，反而把他释放送走了。

公元75年，汉明帝去世，焉耆国借东汉国丧机会，便攻陷了西域都护陈睦的驻地。班超孤立无援，而龟兹、姑墨两国又屡屡发兵攻打疏勒国。班超固守盘橐城，与疏勒王忠互为首尾，但兵少势单，一直

商贸纽带

陆上丝绸之路

坚守了一年多。

汉章帝当时刚刚登基，考虑到陈睦全军覆没，恐怕班超势孤力单，难以立足下去，就下诏召回班超。

班超出发回国时，疏勒全国上下都感到担心害怕，一个名叫黎弇的都尉说道："汉使若离开我们，我们必定会再次被龟兹灭亡。我实在不忍心看到汉使离去。"说罢就拔刀自杀了。

班超看到于阗国民坚决不让他东行归汉，又想实现自己最初的壮志，于是改变主意返回疏勒。疏勒国中有两座城池，自从班超离去，又重新投降了龟兹国，而与尉头国联兵叛汉。班超捕杀了叛降者，又击破尉头国，攻杀600余人，疏勒国重新安定下来。

公元78年，班超率领疏勒、康居、于阗和拘弥4国军队1万多人，攻占了姑墨的石城，班超想要就此平定西域诸国，于是上奏朝廷，请求派兵，并分析西域各国形势及自己的处境，首次提出了"以夷制夷"的策略。

公元80年，章帝就封徐干为假司马，让他率领兵士1000人赶赴班超驻地。起先，莎车国以为汉兵不会到来，便投降了龟兹国，而疏勒国的都尉番辰也因此反叛，正好这时徐干率军赶到，班超就与他一起先打击番辰，大获全胜，活捉了很多俘虏。

公元83年，晋升班超为带兵的长期使臣，并破格使用鼓吹幢麾，又晋升徐干为军司马，另外派遣卫侯李邑护送乌孙使者回国。第二年，朝廷又派遣假司马和恭等4人率领800兵士前去协助班超，班超便发动疏勒、于阗兵攻打莎车王。莎车王暗地里派使者串通疏勒王忠，以重利诱惑他，疏勒王忠反叛。

班超于是另立疏勒王室的府丞成大为疏勒王，将不愿谋反的人全部调动起来攻打叛王忠，双方相持了半

■ 班超去西域路线图

府丞 我国古代官员名称，为太守的属官，在汉代时西域各国王室的行政首长也称府丞，而至明清两代，顺天、应天二府皆置府丞，为府尹副职。同时，明代詹事府、清代宗人府等也有府丞。

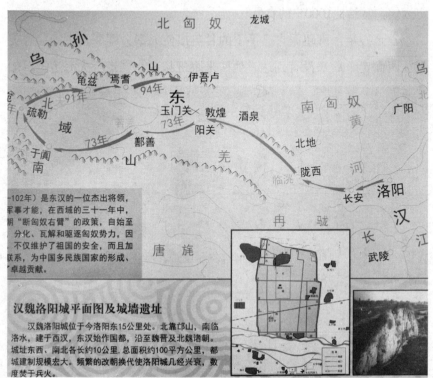

汉魏洛阳城平面图及城墙遗址

汉魏洛阳城位于今洛阳东15公里处。北靠邙山，南临洛水，建于西汉，东汉始作国都，沿至魏晋及北魏诸朝。城址东西、南北各长约10公里，总面积约100平方公里，都城建制规模宏大。频繁的改朝换代使洛阳城几经兴衰，数度焚于兵火。

（—102年）是东汉的一位杰出将领，
军事才能，在西域的三十一年间，
朝"断匈奴右臂"的政策，自始至
分化、瓦解和驱逐匈奴势力，因
不仅维护了祖国的安全，而且加
联系，为中国多民族国家的形成、
卓越贡献。

年，因为康居王派精兵援救，班超难以攻取乌即城。

这时，月氏王与康居王联姻不久，关系很亲密，班超就派人赠送很多金银锦帛给月氏王，让他劝止康居王。康居王便撤了兵，还生俘了叛王忠，把他押回疏勒国，乌即城便只好向班超投降。

又过了3年，忠去游说康居王，向他借兵回国，占领了损中，并暗中与龟兹勾结，派人向班超假投降，班超心里知道他们的阴谋，但表面上假装答应接受投降。

班超得悉敌军已经分兵而出，便秘密地把各部兵力召集拢来，在鸡叫时分飞驰奔袭莎车军营，莎车军一片惊乱，四方奔逃，班超追击并缴获了大量的牲畜财物，莎车王于是只有投降。龟兹等国只好各自撤退，班超从此威震西域。

公元95年，西域50多个国家都归附了汉王朝。朝廷下诏封班超为定远侯，赏给他1000户的食邑。

公元97年，班超派自己手下的甘英出使大秦，即罗马帝国，甘英就往西面走，后来没有到达，他回来跟班超说："走至大海边上，船

古道依稀

古代商贸通道与交通

丝绸之路上的古城堡

夫告诉说，如果顺风，3个月到罗马。如果逆风，要航行两年，你最少准备3年粮食。但是茫茫大海，很多人顶不住海上生活，会死的。"

107年，东汉罢西域都护府，123年以班勇为西域长史，此后丝绸之路三通三绝，西域一直以长史行都护之职。

166年，大秦，即罗马的使臣来到洛阳，这是欧洲国家同我国的首次直接交往。

当罗马人在公元前30年征服埃及后，加之张骞、班超去西域各国后，我国倾国力向西拓展的机遇，通过丝路的交流与贸易在印度、东南亚、斯里兰卡、我国、中东、非洲和欧洲之间迅速发展。

无数新奇的商品、技术与思想源源不断地往来于欧亚非三洲的各个国家。大陆之间的贸易沟通变得规则、有序。

罗马人很快就加入这条商道中，从1世纪起罗马人开始狂热地迷恋着从帕提亚人手中转手取得的我国丝绸。

那时，丝绸成为罗马人狂热追求的对象。古罗马的市场上丝绸的价格曾上扬至每磅约12两黄金的天价。造成罗马帝国黄金大量外流。

不仅仅是罗马人对来自东方的神奇玩意儿感兴趣，史料记载，埃及历史上著名的艳后克利奥帕特拉也曾经穿着丝绸外衣接见使节，并酷爱丝绸制品。

班超终于实现了立功异域的理想，将丝绸之路重新打通。他的名字和丝绸之路永远连在了一起，永垂史册。

他镇守西域之后，首次将丝绸之路从西亚一带打通延伸到欧洲，抵达了罗马，罗马也顺着丝路首次来到东汉京师洛阳，这是丝绸之路的完整路线。

班超经营西域30年，使东汉和西域的经济文化交流得以继续和发展，捍卫了"丝绸之路"，巩固了我国西部边疆，进一步促进了我国与西亚各国的经济文化交流。

古道依稀

古代商贸通道与交通

阅读链接

班彪、班固、班超是班氏三父子，他们建功立业，青史载殊勋，炎黄子孙铭记于心。

班彪，字叔皮，东汉史学家。东汉初任徐令，因病免官。他专力从事史学，以《史记》所记史实，止于汉武帝太初年间，乃收集史料，作《后传》60余篇，为其子班固修《汉书》奠定了基础。班彪写赋、论、书、记、奏，也颇有成就，功名传千秋。

班固，字孟坚，东汉史学家和文学家。初继续完成其父所著《史记后传》，后私撰汉史，汉明帝阅其稿，赞许有加，授予典校秘书。奉诏完成其父所著，历20余年，修成《汉书》。《汉书》是我国历史上第一部断代史，无论在史学上还是文学上都有很高的价值。班固善作赋，其《两都赋》，文辞渊雅，脍炙人口，古今传诵。

另外，班超的妹妹班昭也是著名的史学家。

唐宋丝绸之路二度繁荣

丝绸之路既是架设在东西方之间的友好桥梁，又是连接国内各民族的重要纽带。因此从丝路形成之日起，其发展的总趋势，不仅是向东西方延伸，同时也向南北方扩展。

自我国东汉时候，开始在西域设置西域长史，并一直延至魏晋时期，时间长达五六个世纪。至十六国时期，中央的统治力慢慢衰落，丝绸之路也逐渐被废除了。

■丝绸之路遗迹

古道依稀

古代商贸通道与交通

但是，从汉代开始，丝绸之路就沿着天山南北逐渐形成了东西交往的北、中、南3条基本干线；同时又由于南北边塞各民族的频繁活动，为唐代丝路向南北扩展奠定了基础。

随着我国进入繁荣的唐代，西北丝绸之路再度引起了我国统治者的关注。一般所谓的"丝路黄金时代"，主要是指唐代前期的陆上丝路，时至"安史之乱"以前，陆上丝路发展至高峰，形成了自汉以来东西陆路交通的极盛高潮。

其时外陆贸易空前繁荣，正如史籍所载："伊吾之右，波斯以东，商旅相继，职贡不绝"。

为了重新打通这条商路，唐朝政府借击破突厥的时机，一举控制西域各国，并设立安西四镇作为大唐政府控制西域的机构，新修了唐玉门关，再度开放沿途各关隘。并打通了天山北路的丝路分线，将西线打

■ 丝绸之路古城遗迹

通至中亚。这样一来，丝绸之路的东段再度开放，新的商路支线被不断开辟，人们在青海一带发现的波斯银币是我国境内最多的，这证明青海也随着丝路的发展成为与河西走廊同等重要的地区。

同时，7世纪中叶后阿拉伯帝国取代了波斯的中亚霸权，这一时期东罗马帝国、波斯保持了相对的稳定，从而使得丝绸之路再度迎来繁荣时期。

与汉朝时期的丝路不同，唐控制了丝路上的西域和中亚的一些地区，并建立了稳定而有效的统治秩序。西域小国林立的历史基本解除，这样一来丝绸之路显得更为畅通。

丝路的南北扩展和横行线路密布以及整个丝路网状结构的形成，是唐代前期陆上丝路高度发展的第一个重要反映。

唐代以前，随着我国北方民族的兴起，先后出现了匈奴、鲜卑、柔然和突厥等不断南下和西迁活动，因此漠北地区早就和西域丝路发生了联系。

但是，由于汉代以后，我国长期处于分裂局面，因而这些联系却常常因相互间的争夺和混战而遭到冲击和中断。

只有至唐代，由于我国重新统一和进一步扩大了西北疆域，团结

■唐太宗（599—649），李世民，唐朝第二位皇帝，著名政治家、军事家，还是书法家和诗人。为大唐统一立下汗马功劳，开创了著名的贞观之治，为后来唐朝全盛时期的开元盛世奠定了重要基础。

和联合了西北各民族，从而才使丝路向漠北方向获得了稳定的扩展。

唐朝初年，占据和控制了丝路的突厥族首先统一于唐朝政府。630年，唐太宗率军击败了东突厥贵族政权，并和西突厥加强了友好联系，接着又扫除了高昌、焉耆、龟兹等分裂势力。

640年，唐朝在西域地区设立了安西大都护府，统辖了下属的各个都督府和州，进一步加强了西部边疆的军事和行政管理，保证了丝路的繁荣畅通。

不久以后，唐朝政府又完成了对漠北地区的统一。

唐代以前，漠北地区先后属于东、西突厥控制下，当地的铁勒各部因不堪突厥贵族的压迫和剥削，薛延陀、回纥、拔野古、拔罗、制骨等多次掀起反抗突厥贵族的斗争。

唐朝初年，铁勒部斗争取得胜利，薛延陀政权建立，日益强大并在漠北称雄一时。

646年，唐军乘铁勒部内乱攻入漠北，薛延陀政权瓦解，下属回纥等铁勒23部归附唐朝，并"请置唐官"。唐朝政府于其故地设置了6府7州，后来又于贝加尔湖东北和唐努乌梁海一带增设了玄阙州、烛龙州和坚昆都督府。

上述各个府、州长官都督、刺史，皆由唐朝朝廷委任原诸部酋长担任，并归属于设立在内蒙古呼和浩特市西的故单于台的燕然都护府所统领。

■ 新疆丝绸之路遗址

此后，唐政府又应铁勒各部所请，特地在回纥以南开辟了"参天可汗道"，沿途置邮驿68所，并且还备有驿马、酒肉等专供往来官吏和行贾。

通过此"参天可汗道"，不仅加强了漠北与中原之间的联系，而且也开辟了西部与北部边疆往来的通道。从此以后，西部地区已和广大漠北连成一片，因而丝路向北面获得了显著扩展。

与丝路的北面一样，丝路也向南边发展。

唐代以前，随着羌族和吐谷浑等的兴起和活动，早已开辟了青藏高原和南疆地区相通的道路。如在北魏明帝时，宋云、惠生西游印度，曾由今青海柴达木盆地北边，涉行沙碛，直穿阿尔金山到达丝路南道上的且末后，再往西去。

此外，559年，乾陀罗僧侣因那崛多东来时，走的也是相反方向的同一路线：他是经由丝路南道的和田至且末，再南下穿过阿尔金山，经由青海到达长安。

唐朝贞观年间，我国和印度发展友好关系，太宗命王玄策和李义

■丝绸之路上的沙雕作品

■ 吐蕃丝绸之路遗址

表出使印度，其中3次往返都是经由西藏—尼泊尔这一线路。

7世纪时，吐蕃兴起，兼并了吐谷浑后，继续保持了此条道路的畅通，并在西北开辟了经由喀喇昆仑通向尼泊尔的另一条通路。

上述支线的开辟，不仅说明了此道的繁荣畅通，同时也反映了丝绸之路已向南面大大扩展。

随着唐代全国的统一，丝路正是这个统一的多民族国家由中央向南北方向大大扩展，其时丝绸之路北面已远越天山直抵漠北，而南面已超过了昆仑和喀喇，昆仑直接和青藏高原连接在一起。

与丝绸之路南北扩展的同时，其北面出现了经由阿尔泰山与漠北相通的道路。南面也出现了由阿尔金山翻越喀喇昆仑和青藏高原联系的路线。

与此同时，在新疆地区也出现了更多的横向路线，从而把整个丝绸之路连接成一个整体。这些横向

吐蕃 7世纪至9世纪时我国古代藏族建立的政权，是西藏历史上创立的第一个政权。吐蕃和唐朝虽然进行了长期的军事斗争，但友好往来一直是双方关系的主流。汉文化的输入对吐蕃社会起了巨大的促进作用，吐蕃文化对汉族也有一定的影响。

■吐蕃古城遗址

线路虽然早已存在，如《隋书》所载："其三道诸国，亦自有路，南北交通"。

但至唐代时，由于完成了西部边疆的统一，扫除了广大西域地区之间的分裂割据，加强了相互间的联系，因而使各道之间的横行线路大大增加。

唐代前期，除了在西域地区建立安西、北庭两大都护府，下辖各个都督府、州外，并在各地设置军、城、镇、守捉等各军事据点。这些府、州所在地和各军事据点，既是行政和军事要地，也是一些交通中心，它们彼此相通，从而形成了一条条纵横交错的路线。

尤其是著名的唐代安西、疏勒、于阗、碎叶等安西四镇，更是四通八达、往来无阻的一个个交通中心。

虽然很早以前，东西方游牧民族就在中亚北部开辟了亚、欧相通的"草原之路"，以后在我国《三国志》中所引的《魏略·西戎传》中，也提及丝路北道，但由于绿洲地区的继续繁荣，丝路的东西往来仍然侧重在天山以南地区。

只有到后来突厥族兴起，丝路北道才越来越显示其重要性。突厥原游牧于叶尼塞河和阿尔泰山一带，它在6世纪中叶，已经是占有东自辽海以西，西至西海万里，南自沙漠以北，北至北海五六千千米的广大地区。

后来，突厥分裂为东西两大部分，西突厥曾和东罗马结成联盟，从而加强了相互间的政治、经济联系。据弥南窦史所记载，当时东罗马和西突厥之间互派使节，往来不绝。

按东罗马使臣蔡马库斯从西突厥返回拜占庭的路线，是和裴炬《西域图记》中的丝路北道完全符合的，都是经由天山以北和咸海、里海以及黑海北面直达地中海。

可见早在隋代，丝路北道已在西突厥控制下趋于繁荣了，至唐代初年，随着西突厥统一于唐朝，则更加促进了它的兴盛和畅通。

早在贞观年间，太宗即在天山以北建立过瑶池都督府。高宗在歼灭阿史那贺鲁的分裂活动后，又在原西突厥聚居的天山北部设立了昆陵和蒙池两都护府，并下设许多都督府、州。

至702年，又从原安西大都护府中划出了北庭大都护府，其治所设

■ 丝绸之路示意图

禅宗 佛教分为九乘佛法，禅宗即是教外别传之第十乘，禅宗又名佛心宗摄持一切乘，也是汉传佛教最主要的象征之一。汉传佛教宗派多来自印度，但唯独天台宗、华严宗与禅宗，是由我国独立发展出的三个本土佛教宗派。

于庭州，所辖地区正是天山以北的丝路北道。

与天山以南的丝路相比较，丝路北道不仅缩短和减少了东西往来的距离与里程，并可摆脱翻越葱岭的天险，尤其是不受波斯垄断丝路的控制，从而使生产丝绸的中国和消费丝绸最多的东罗马直接发生交往。

因而丝路北道的繁荣是继汉代以来对外陆路交通发展的必然结果，也是整个陆上丝路发展高峰的重要标志。从此以后，回鹘、西辽以及蒙古向西扩展，都主要是经由丝路北道的西方发生联系。

由于丝路北道的繁荣，因而在唐代前期沿着天山以北出现了许多新兴都市和贸易中心，其中著名的有庭州、弓月、轮台、垣逻斯等。

以上表明，陆上丝路发展到唐代时出现了极盛高潮。这个高潮的形成，当然是与从汉代以来对外陆路

■ 丝绸之路遗址

■古代丝绸

交通的进一步发展有关，同时也是唐代社会经济高度繁荣，尤其是和当时我国的统一强大以及统治者注意经营管理分不开。

另一方面，当时和唐代邻近的以西各国，都是具有世界性的强大国家：横跨欧、亚北部的东罗马，占有整个西亚的波斯，尤其是后来兴起的大食倭马亚王朝，更是据有亚、非、欧的庞大帝国，它们都注重于对外陆路交通的开拓，极力加强和我国的政治、经济联系。

不仅是阿拉伯的商人，印度也开始成为丝路东段上重要的一分子。往来于丝绸之路的人们也不再仅仅是商人和士兵，为寻求信仰理念和文化交流的人们也逐渐出现在这一时期。

我国大量先进的技术通过各种方式传播到其他国家，并接纳相当数量的遣唐使及留学生，让他们学习中国文化。同时佛教、景教各自迎来了在我国广泛传播的机会，一时间唐朝人在文化方面得到极大的满足。

佛教自两汉间传入我国后，至南北朝开始大行于我国，并使之中国化而形成禅宗佛教。佛教文化为我国传统哲学和后来宋明理学的发展注入了新的血液。

佛教的韵律更给我国古诗歌带来了四声平仄的提高，增加音乐节奏的美。它的内容更丰富了我国语言的词汇，如"大千世界""不二法门""恒河沙数""极乐世界""放下屠刀，立地成佛"等数以百计的成

■ 玄奘取经路线图

语，都成了各阶层的流行语。

唐代杜牧有诗："南朝四百八十寺，多少楼台烟雨中"，尚存的北魏嵩山嵩岳塔，唐代长安的大雁塔，扶风法门寺，五台山南禅寺，它们的石砌与木质斗拱建筑，精妙绝伦，鬼斧神工，堪称国宝，至今国际友人无不叹为观止。

唐太宗时，高僧玄奘由丝绸之路经中亚往印度取经、讲学，历时16年，所著《大唐西域记》一书，记载了当时印度各国的政治、社会、风土人情，成为印度学者研究印度中世纪历史的头等重要资料。他取回佛教经典657部，唐高宗特在长安建大雁塔使其藏经、译经。

稍后，高僧义净又由海道去印度，取回佛经400部，所著《南海寄归内法传》《大唐西域求法高僧传》，向我国介绍了当时南亚各国的文化、生活情

清真寺 也称礼拜寺，是伊斯兰教徒穆斯林礼拜的地方。我国唐宋时期称为"堂""礼堂""祀堂""礼拜堂"，元代以后称"寺""礼拜寺"。明代把伊斯兰教称为"清真教"，遂将"礼堂"等改称"清真寺"，沿用至今。

况，他们的艰辛活动，都是那时盛况一时的大事。

盛唐时期传入我国的伊斯兰教，是由中近东大食帝国统治区胡商们作为主要媒介的。它受到唐朝官方的尊重，广州、长安等地开始出现了不少清真寺。

丝绸之路商贸活动的直接结果是大大激发了唐人的消费欲望，因为商贸往来首先带给人们的是物质上的富足，这些都是看得见、摸得着的，其次是不同的商品来源地域带给人们的精神差异的影响。

丝路商贸活动可谓奇货可点、令人眼花缭乱，从外奴、艺人、歌舞伎到家畜、野兽，从皮毛植物、香料、颜料到金银珠宝矿石金属，从器具牙角到武器书籍乐器，几乎应有尽有。

唐人的财力物力要比其他一些朝代强得多，因此他们本身就有足够的能力去追求消费，而丝路商贸活动只是为他们提供了机遇而已。

据《唐会典》载，唐王朝曾与300多个国家和地区通使交往，每年取道丝绸之路前来长安这个世界最大都市的各国客人，数目皆以万计，定居我国的，单广州便以千计。

■古代丝绸之路运输的丝绸

■ 丝绸之路雕刻

丝绸之路虽然在唐代前期发展至高峰，形成了它的"黄金时期"，但好景不长，至唐代中期便突然衰落。

随着安史之乱的爆发，唐朝驻守西疆的四镇边兵东调长安，一时西北边防空虚，吐蕃乘机北上占据河陇，回鹘亦南下控制了阿尔泰山一带，同时西边的大食也加强了中亚河中地区的攻势，随之出现了这三种力量之间的争夺与混战。

从此，唐朝政府失去了对西域的控制，一时丝路上"道路梗绝，往来不通"。由于唐朝失去了和西域的联系，陆上丝路由此中断。

阅读链接

美国学者谢弗指出："七世纪中国是一个崇尚外来物品的时代，当时追求各种各样的外国奢侈品和奇珍异宝的风气开始从宫廷中传播开来，从而广泛地流行于一般的城市居民阶层之中。"

受到唐朝复兴了的丝绸之路巨大影响的国家还有日本。8世纪日本遣唐使节带回了很多西域文物到日本首都奈良。这些宝贵古代文物在奈良正仓院保存下来。所以，奈良正仓院被称为丝绸之路的终点。日本最大的宗教佛教也是通过丝绸之路传来的。

1988年奈良县政府在奈良市举行大规模的丝绸之路博览会。日本最大的电视台NHK曾从我国到欧洲以实地拍摄方式制作丝绸之路节目。

宋代丝绸之路继续拓展

丝绸之路在唐宋时期，已经成为比较固定的商贸和交通路线。

大体来说，丝绸之路是从长安经河西走廊至新疆境内，然后通往中亚的安息即古波斯，再到西亚，最后到了欧洲的大秦即古罗马。一般可分为3段，而每一段又都可分为北中南3条线路。

东段是指从洛阳、长安到玉门关、阳关。东段各线路的选择，多考虑翻越六盘山以及渡黄河的安全性与便捷性。中段是指从玉门关、阳关以西至葱岭。西段是指从葱岭往西经过中亚、西亚直至欧洲。

东段3线均从长安出发，到武威、张掖会合，再沿河西走廊至敦煌。

北线从泾川、固原、靖远至武威，路线最短，但沿途缺水、补给不易；南线从凤翔、天水、陇西、临夏、乐都、西宁至张掖，但路途漫长；中线从泾川转往平凉、会宁、兰州至武威，距离和补给在3线中都居中。

10世纪，北宋王朝为绕开西夏的领土去西域，开辟了从天水经青海至西域的"青海道"，成为宋以后一条新的商路。

中段主要是西域境内的3条线路，它们随绿洲、沙漠的变化而时有变迁。640年在中途设立的安西四镇附近，多有分岔和支路。

南道又称于阗道，东起阳关，沿塔克拉玛干沙漠南缘，经鄯善即若羌、于阗即和田、莎车等至葱岭。

中道起自玉门关，沿塔克拉玛干沙漠北缘，经楼兰、吐鲁番、焉耆、龟兹、姑墨、疏勒至费尔干纳盆地的大宛。

北道起自安西，经哈密、庭州、伊犁直至碎叶。

西段指自葱岭以西直至欧洲，它的北中南线分别与中段的3线相接对应。其中，经里海到伊斯坦布尔的路线是在唐朝中期开辟的。

北线沿咸海、里海、黑海的北岸，经过碎叶、怛罗斯、阿斯特拉罕等地到伊斯坦布尔。

中线自喀什起，走费尔干纳盆地、撒马尔罕、布

■ 丝绸之路葱岭遗迹 葱岭即指帕米尔高原。早在我国汉朝就以"葱岭"相称，因多野葱或山崖葱翠而得名。西汉时期，汉朝国力强盛，中原开始大规模对外通商，商人沿丝绸之路往来地中海各国，必须穿越帕米尔高原。到了唐代，这里又出现了一个新名字"帕米尔"。到了清代，帕米尔之名已完全取代了历代使用的其他名称。

古道依稀

古代商贸通道与交通

■撒马尔罕民居

哈拉等到马什哈德，与南线会合。

南线起自帕米尔山，由克什米尔进入巴基斯坦和印度，也可从白沙瓦、喀布尔、马什哈德、巴格达、大马士革等前往欧洲。

但是，隋唐的耀眼繁华过后，大宋王朝一路蹒跚着走来。隋唐时期商队络绎的丝绸之路沉寂了许多，好似一首高亢的军歌降低了调门，在宋代变成低吟浅唱，继续着它黄沙漫漫、步履匆匆的行程。

比起盛唐，北宋的疆域很小，国力很弱。北宋舍弃洛阳和西安，将开封作为都城，丝绸之路便好似断了线的风筝，飞离了人们的视线。

其实不然，北宋著名画家张择端的《清明上河图》中有市井繁华，有手工业发达的明证，画中的丝绸店分明在提醒我们，北宋王朝没有割断丝路，而是用自己的方式延续了丝路，让丝路上的花雨依然飞

楼兰 楼兰王国从公元前176年以前建国，范围东起古阳关附近，西至尼雅古城，南自阿尔金山，北到哈密。至630年消亡，共有800多年的历史。当时，我国内地的丝绸、茶叶，西域的马、葡萄、珠宝，最早都是通过楼兰进行交易的。

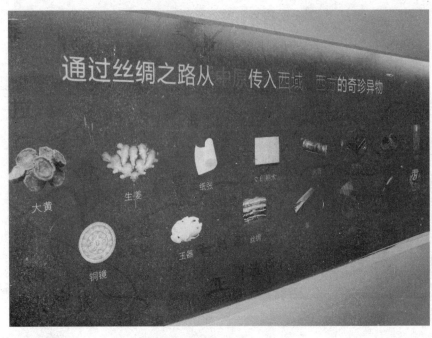

通过丝绸之路从中原传入西域 西方的奇珍异物

大黄　生姜　纸张　C.日用术

铜镜　玉器　丝绸

据记载，北宋一个大臣抱怨世风奢靡时说："现在的农夫走卒居然也穿上了丝质的鞋子。"可以想见，北宋时的洛阳真是个遍地黄金的好地方。

1000多年前，洛阳就是北宋王朝的手工业基地之一。就拿丝织业来说，洛阳有官营的织锦院，民间织锦业也十分发达。

洛阳还是瓷器的烧制中心和集散地。北宋时期，洛阳的宜阳窑、新安窑是地方名窑，这里烧制的瓷器和当时汝窑生产的瓷器摆满了洛阳的商铺。在宋代，丝绸和瓷器仍是"出口"西域的主要商品。

因为丝绸的西输，有了一条丝绸之路；又因为瓷器的西输，丝绸之路又被称为陶瓷之路。丝绸的柔，瓷器的润，成就了北宋时期的洛阳，让它在隋唐之后，依然保持着强者的姿态。

因此，作为北宋的西京，洛阳仍是西方各国商人

汝窑 我国古代著名瓷窑，创烧于北宋晚期，以烧制青瓷闻名，汝窑的青瓷，釉中含有玛瑙，色泽青翠华滋，釉汁肥润莹亮，被历代称颂，有"宋瓷之冠"的美誉，又与同期官窑、哥窑、钧窑、定窑合称"宋代五大名窑"。

■ 经丝绸之路传到西域的商品

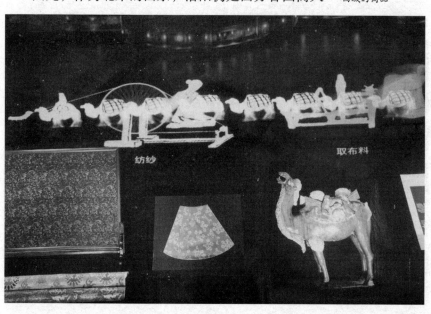

纺纱　　　取布料

和使节东来的必经之地，是中西陆路交通线上非常重要的一站。

北宋时期的丝绸之路虽然受到西夏的侵扰，但仍不断地将先进的科技文化成果传播到世界各地，茶叶的交易在这一时期也尤为突出。

我国古代的四大发明，在宋代开始广泛应用。印刷术发明以前，书籍的流传全靠手抄。北宋平民毕昇发明了活字印刷术后，通过丝绸之路传至波斯和埃及，再传入欧洲，将人们从繁重的抄写中解脱出来。

我国最早发明了指南针，并将其应用于航海。宋时的朱彧在《萍洲可谈》中记载，当时航海的人辨别方向就是用指南针。

当时，一些阿拉伯商人和波斯商人经常搭乘宋人的渔船往来贸易，他们发现指南针十分神奇，便央求宋人教他们如何制作。慷慨的宋人不仅让远道而来的客人学会了制作指南针的方法，还把这一发明通过丝

古道依稀

古代商贸通道与交通

■北宋时洛阳城

■ 指南针 也叫罗盘针，是我国古代发明的利用磁石指极性制成的指南仪器。大约出现在战国时期。样子像一把汤勺，圆底，可以放在平滑的"地盘"上并保持平衡，而且可以自由旋转。当它静止的时候，勺柄就会指向南方。最早为我国发明，随后演变成罗盘并应用于航海事业上。

绸之路传至欧洲。

茶叶在宋代广泛种植，史籍中有"茶兴于唐，盛于宋"的说法。南宋文学家吴曾在笔记《能改斋漫录》中说"蜀茶总入诸蕃市，胡马常从万里来"，就是描写北宋交易茶叶的状况。

蕃市的设置，是宋代丝绸之路得以延续的重要依托。蕃市是宋人与西域人茶马互市的场所。蕃市最初设置在丝绸之路东段关陇中道上的原渭、镇戎、德顺州境内。

由于当时西夏人频频侵扰，北宋不得已在丝绸之路沿线多处布点，方便宋人与西域人进行贸易。

黄沙古道上，西域人用马匹与宋人交换茶叶、丝绸，除部分自用外，绝大部分转运至中亚、西亚、欧洲等地销售。这一时期，丝路之上商贾往来频繁，贸易相当活跃。

通过丝绸之路，西夏、吐蕃、回鹘、于阗、龟兹、波斯、印度、东罗马等国的使节以及毛皮、牲畜、玉石、香料等不断地由洛阳和开封进入北宋腹

西夏（1038年—1227年），又称邦泥定国或白高大夏国，是我国历史上由党项族建立的一个征服王朝，主要以党项族为主体，包括汉族、回鹘族与吐蕃族等民族在内的国家。因位于我国的西北地区，史称西夏。制度由番汉两元政治逐渐变成一元化的汉法制度。

■ 唐玄奘塑像（602—664），汉传佛教史上最伟大的译经师之一，我国佛教法相唯识宗创始人。出家后遍访佛教名师。玄奘所译佛经，多用直译，笔法严谨，所撰有《大唐西域记》，为研究印度以及中亚等地古代历史地理之重要资料。

地，北宋的丝绸、金银器皿等也源源不断地流向西方。宋室南迁后，与西方的陆上交通被阻断，茶马贸易才逐渐减少。

丝绸之路更深层的意义在于文化的交流，行走在丝路上的僧侣，默默地扛起了文化交流的重担。宋太祖赵匡胤扭转了长期以来我国社会形成的重武轻文之风，使宋代的文化非常繁荣，通过丝绸之路进行的文化交流日益频繁。

966年，赵匡胤酝酿已久，要效仿唐太宗派玄奘到西方取经，命行勤、继业两位高僧组织一个由157人组成的庞大巡游使团，前往天竺求法取经。

这个巡游使团是宋朝建立后第一个官方派遣的佛教使团，也是古代中原地区见诸经传的前往天竺取经的最后一个佛教使团，同时也是有文字可考的规模最大的赴天竺求法取经的使团。

他们这一去，就是12年。在这12个年头里，他们一直与丝路相伴，与飞扬的黄尘为伍。和唐玄奘当年的形单影只相比，他们的寂寞可能算不了什么。而同是到西天取经，吴承恩却以唐玄奘为主角，创作了流

沙门 又称娑门、桑门，意为勤息、息心、净志，原不论外道佛徒，总为出家者之名。沙门中最有影响的派别是佛教、生活派、顺世派、不可知论派等。沙门分为4种：胜道沙门、示道沙门、命道沙门和污道沙门。

芳百世的《西游记》，可见北宋时的行勤是寂寞的。

我们可以想象，一群表情严肃的僧侣伴着单调的驼铃声，在路上默默地走着，像一团灰色的云终年漂泊在丝路上，给浪漫的丝路平添了几丝落寞。

这支西行取经的队伍最终不辱使命，除了巡视佛祖圣地、拜访名僧、求法取经之外，他们还有更为重要的政治使命，即与所经过的各国建立友好关系。

他们一直向西，最后渡过恒河到达印度。每到一地，当地首领不仅热情地接待他们，还派人随行前往引导，与所经国家或地区进行友好往来。

971年，巡游使团成员沙门建盛准备先行回国，中天竺王子曼殊对北宋充满向往，也随之同往中原朝宋。此后，天竺僧人持梵夹来献者，不绝于旅。

行勤和继业等回国时，捎回了天竺国王没徙曩给宋朝皇帝的信。两人分别著有《西天路竟》《继业行程》，特别是《继业行程》被誉为"一部写在佛经角上的西域纪程"，详尽地记录了宋代葱岭以东丝绸之

信 古代称作"尺牍"。古人是将信写在削好的竹片或木片上，一根竹片或木片约在一尺到三尺之间，所以叫尺牍。"信"在古文中有音讯、消息之义，如"阳气极於上，阴信萌乎下"。"信"也有托人所传之言可信的意思。在我国古代的书信中，最著名的是秦朝李斯的《谏逐客书》，还有司马迁的《报任安书》。

商贸纽带

陆上丝绸之路

■ 丝绸之路上的敦煌月牙泉

路的路线。由于印度与北宋相隔万里，交通十分不便，因此宋人由印度回国时，常常被"借"充当印度使者。

982年，益州僧人光远自印度归宋，奉天竺国王没徙曩的命令，将释迦舍利献给了宋太宗；清朝雍熙年间，卫州僧人辞浣经西域回国，与回鹘僧人密坦罗同奉北印度国王及金刚坐国王那烂陀书进献。

1072年，吐蕃首领木征进献给宋神宗两名天竺僧人。次年4月，宋神宗"诏以使臣引伴住五台山，从其请也"。看来宋廷对这种"礼品"还是比较珍重的。

10世纪中叶以后，宋王朝先后与北方的辽、西夏、金处于敌对的形势中，影响了陆上丝绸之路的中西交往，受战乱影响，陆上的丝绸之路几度中断。

金国于1127年灭北宋，宋高宗赵构在南京应天府即位，后逃往临安，长期偏安江南，建立了南宋。加之中国经济、文化重心的南移，相对来讲，陆上丝绸之路要比从前有所衰落。但丝路没有因为政权的变更而断绝，这时，海上丝路发挥了巨大作用。

阅读链接

丝绸之路兴盛的原因包含经济、政治、文化、地理等方面因素。随着时间的推移，当这些因素发生变化以后，丝绸之路走向衰落便成为必然。由于沿线荒漠不断扩展，这里的古文明相继消失，因而丝路难以为继。

新疆塔里木盆地的塔克拉玛干沙漠南部，是我国历史上记载的发达地区之一。这里早在新石器时代就出现了灌溉农业，公元前2世纪，张骞去西域时，看到不少沙漠之中的城郭和农田。

至唐代，农业更为发达。《大唐西域记》记载古楼兰王国的兴盛情况，这个国家以楼兰绿洲为立国根本，繁盛情况持续了几个世纪。

元代丝绸之路走向衰落

　　宋、金、辽、西夏之后，当成吉思汗及他的子孙们孜孜不倦地开疆辟土时，西北丝绸之路，包括南方丝绸之路和海上丝绸之路，都已经成为元朝内部的交通路线。

　　蒙古铁骑所至，既给封建经济带来了血与火的灾难，却也摧毁了

丝路佛教遗址分布图

驿站 是我国古代供传递官府文书和军事情报的人或来往官员途中食宿、换马的场所。我国是世界上最早建立组织传递信息的国家之一，邮驿历史长达3000多年。"驿站"这一场所虽然古已有之，但作为一个词汇的出现是在蒙古元朝以后，元朝以前只称"驿"。

横亘于东西方传统贸易之路上的种种障碍，为元代时期丝绸之路的贸易提供了比较有利的社会环境。

蒙古帝国自窝阔台大汗起开始实施"站赤"即驿传制度，主要基于政治军事需要，更是为加强中央对边远地区的控制。

驿站分陆站、水站两种，以陆站为主。初建时全国驿站约1400余处，至元世祖时代，已超过万数。国家签发专为驿站服务的站户也达30万户以上。驿站体系规模之大，在世界交通史上是罕见的。

驿路不仅一度横贯欧亚，而且旁及中、西亚的察合台、伊利汗国，形成了空前庞大严密的欧亚交通网络体系。

驿站制度的实施，对于东西方之间、中原北方各地区、各民族之间的经济交流的畅通和扩大，起了相当重要的作用。

首先，驿路的开设，使较长时期因民族、王朝之

■元代丝绸之路

间连绵不绝的冲突、战争而造成的中西传统商道及中原北方民族贸易之路，得以再度畅通，人为的关卡垒栅不复存在。

这不但有利于元代帝国的军政令文通达四方，也使往来的中外使臣、商旅畅行无阻。

其次，尽管驿站划属元代政府政治军事体系，过往人员必须凭给驿玺书或差使牌符方能乘驿行进，但过往人员中就有不少来我国进行朝贡贸易的外国贡使或冒称"使臣"的外商。他们的外贸活动就在使臣的名义下，得到驿传优惠条件的保护。

摩洛哥人依宾拔都他来华后曾说："在中国行路，最为稳妥便利。"他还详细记载了驿站对客人及其财物安全的管理办法。

意大利神甫马黎诺里也谈到钦察汗国对到中原去的商人、使者乘驿优待的类似情形。另外，由于元帝国十分重视官营商业，曾给许多色目富商臣贾以特权，发给他们乘驿行走的金银牌符，使他们在元帝国

色目 指色目人。是元朝时我国西部民族的统称，也是元朝人民的4种位阶之一，一切非蒙古、汉人、南人的都算是色目人。传统的说法认为，在元代的社会阶层之中，色目人的地位在蒙古人之下，汉人和南人之上。元朝重用色目人，入居中原的色目人，多高官厚禄，巨商大贾。

■骆驼塑像

织造　明清于江宁、苏州、杭州各地设专局，织造各项衣料及制帛诰敕彩缯之类，以供皇帝及宫廷祭祀颁赏之用。明于三处各置提督织造太监一人，清改任内务府人员，称织造。也是纺织技术的专业术语，指将经、纬纱线在织机上相互交织成织物的工艺过程。

势力所达之处皆可通行，而且可供应驿马。桓州栈道就曾专为这些官商搬运段匹、杂造、皮货等物。

驿站制度的实施，客观上形成了元代时期以驿路为基本走向的欧亚商路网络。此期的丝绸之路大致以察合台汗国首府阿力麻里为枢纽，东西段均各分为两大干线。

东段：一条由蒙古帝国都城哈喇和林西行越杭爱山、阿尔泰山抵乌伦古河上游，然后沿该河行至布伦托海，再转西南到阿力麻里。

1295年常德奉旨乘驿抵巴格达见旭烈兀，东段即走此路。

另一条由元大都西行，由宁夏过黄河入河西走廊；然后或由天山北道抵阿力麻里，或由天山南道入中亚阿姆河、锡尔河两河地区。

马可·波罗由陆路来华，即走此路。

西段：一条由阿力麻里经塔拉思取道咸海、里海以北，穿行康里、钦察草原抵伏尔加河下游的撒莱；再由此或西去东欧，或经克里米亚半岛过黑海至君士坦丁堡，或经高加索到小亚细亚。

14世纪来华传教的意大利人孟德科维诺曾说，这是欧亚间最短、最安全的路。

另一条由阿力麻里入中亚两河地区、经撒马尔罕、布哈拉去呼罗珊，即今阿富汗西北、伊朗东北，再至小亚细亚。

这相互交叉的两大干线之间，还有不少支线和间道，正反映了以驿路为基本走向的欧亚贸易之路网络型结构的特点。

元代时期官营手工业的发展，首先与蒙古对外扩张后的民族迁徙、掳掠工匠直接有关。蒙古贵族在立国之初就很重视发展手工业特别是武器制作业。由于本身经济技术水平较低，在对外战争中就特别注意掠占外族工匠。

元帝国建立后，仍沿袭了这一传统，只是官营手工业大部分转为日用消费品、工艺品的生产。元朝朝廷在全国建立了大批官营手工局

■元代丝绸之路遗迹

院进行集中生产。

元大都及其附近地区设立了专为宫廷织造缎匹织染杂造人匠都总管府，下设绫锦局、纹锦局、弘州"纳失失"局、荨麻林纳失失局等，还有专为诸王百官织造缎匹的大都人匠总管府。

甘州与宁夏路一带，盛产白骆驼，以白驼绒与羊绒合纺之绒布，颇受国内外商人青睐。1281年，元政府即在河西设"织毛段匹提举司"，组织工匠生产这类产品。

元朝统治者如此重视并大力发展官营手工业，一方面固然出于皇室贵族统治阶级的奢侈消费需要；另一方面也是为了更好地满足官营内外贸易的需求，并以各种奢侈品、特产品"赏赐"前来朝贡的诸汗国使臣。

蒙古贵族重金银器皿而轻陶瓷器皿，当时景德镇瓷局大规模瓷器生产，主要为满足内外贸易需要。官营纺织局院的各类精美产品，也

大量流入欧亚各地，在俄罗斯萨拉托夫附近乌维克村就曾发现过元代中式丝质对襟衫。

尽管元代官营手工业在社会经济中消极作用甚多，但从另一角度看，官营手工业可凭借国家统治强权集中全国技艺最精的工匠并具备最优良的生产条件，从而使其产品的质量和品级一般都可能在社会同类产品中居于最高水平。

这样，既可最大限度地满足统治阶级的消费需要，又可使中国商品在域外通商中具有较强的竞争力。

特别是在中世纪后期，西方已不同程度地掌握了我国某些特产品如丝绸、瓷器等的生产制作技术的情况下，元代官营手工业对于丝路贸易这种一定程度上的"出口商品生产基地"的意义和作用，更是不能忽视的。

蒙古西征之后，在蒙古草原以西广大地域形成了四大汗国。虽然

■元代古城遗址

■ 元代宁夏遗址

进贡 我国古代藩属对宗主国或臣民对君主呈献礼品。也是我国古代帝王朝与周边少数民族、附属、附庸国之间的一种贸易形式，各政权或民族带来本地区的土产方物进献给皇帝，谋求政治上的依托与援助，并获得物质利益。

至元朝诸汗国事实上已成为各自独立的政权，但名义上仍奉元帝为大汗。既有这样一种名义上的臣属关系，它们与元中央帝国之间的各种联系和往来就是相当密切的。

元帝国与诸汗国之间的经济交流，除了商队贸易外，很重要的一个内容就是通过进贡与赏赐方式来进行的朝贡贸易。

诸汗国向元帝国所献的贡品一般均为奢侈品和特产品，如西域的大珠、珍宝、玉器、水晶、驼马、文豹、狮虎、药物及特产的佩刀等。元帝国的回赐则有钞币、缎帛、绣彩、金银和东北特产猎鹰等。

在来华朝贡时，各汗国往往授命使者携带重金，以便来华后广购元朝各种特产，而使者本人也乘机贩运货物。因此，每一批使团实际上包含着一支庞大的商队。

西域诸汗国与元王朝的进贡和赏赐关系实质上是一种官方的易货贸易方式。所谓"贡献"和"赏赐"，不过反映了双方商品的交换。

在蒙古西征之前，中亚腹地范围内的国际商队贸易就有一定规模，成吉思汗为了征服亚欧大陆，除了以武力掠夺邻近外族财富外，还大力借助回族商队的长途贩运来筹措军饷。他曾多次派遣一些商队前往中亚各国进行贸易。

三次西征及南征后，元代帝国版图大大扩展。加之驿路的设立、欧亚交通网络的恢复，使欧亚广大地域范围内国际商队长途贩运活动再度兴盛起来。

元代时期中外关系史的一些名著，如《马可·波罗游记》《通商指南》《柏朗嘉宾蒙古行记》《卢布鲁

水晶　主要成分是二氧化硅，是贵重矿石，宝石的一种。水晶文化历史悠久，古人曾赋予它一串极富美感的雅称，我国最古老的称法叫水玉，意谓似水之玉，又说是千年之冰所化。不同的水晶有着不同的意义和象征，洁白无瑕的白水晶被意为纯洁、无私的化身。紫水晶被意为大红大紫和高贵的典范。水晶文化还包含了丰富的文明精神，因此水晶也是灵魂的物化。

■元代丝绸之路遗址

商贸纽带

陆上丝绸之路

克东行记》《大可汗国记》《马黎诺里游记》《鄂多立克东游录》等都大量记载了丝绸之路上商队贸易的情况。

根据这些史料记载，当时在漫长的丝绸之路上从事商队贩运贸易的，既有欧洲拜占庭帝国的君士坦丁堡、波兰、奥地利、捷克、俄国、意大利威尼斯、热那亚以及早期北欧汉撒同盟等地商人，又有西域蒙古诸汗国及其后裔统治的西亚、中亚地区的商人以及我国色目商人等。

欧洲和中、西亚商人一般都携带大量金银、珠宝、药材、奇禽异兽、香料、竹布等商品来我国或在沿途出售，他们所购买的主要是我国的缎匹、绣彩、金锦、丝绸、茶叶、瓷器、药材等商品。

由于从欧洲到我国路程十分遥远、沿途地理气候条件也非常复杂险恶，盗劫之虞难免发生，"然若结队至60人同行，即当最危之际，也与居家无异"。

所以商人的长途贩运，一般都必须集成数十人以上的商队结伴而行，而且需随地雇用翻译，随带必要的食品、什物、料草等。

元代大帝国强烈地影响了世界历史发展进程。其中至为重要的一点，就是在客观上通过欧亚广大地域范围内的民族大迁徙、大融合形成了人类历史上前所未有的东西方文化的广泛交流。

我国的四大发明造纸、指南针、火药、印刷术中在元代之前已开始传入西域，但真正为欧洲人所了解、应用，恰恰都在这一时期。而其传播媒介和渠道，往往就是域外通商。

13世纪伊利汗国为仿制元朝纸钞，首次在伊朗采用雕版印刷术，从此就开始传入欧洲。我国的茶叶，最早通过西夏和高昌回鹘带入西域；13世纪后才通过色目商人经商传入西亚和俄罗斯。

元代时期丝路贸易恢复了宋朝以来基本中断的东西方国际陆路贸易，也恢复了东西方通过陆路进行的经济、政治、文化的交流。中西陆路通商再度兴起，并且俨然一派兴旺景象。

可见元代时期丝路贸易完全继承了汉唐以来东西方经济交流的历史传统，延续了这一在人类文明史上影响十分深远重大的经济活动。

据明代有关史料记载，欧洲、西亚的商队仍沿着元代丝路故道来华交易一些传统的商品。

原四大汗国的后裔帖木儿帝国等中、西亚王朝，也仍继承原蒙古

■元代商旅雕塑

诸汗国的传统，在较长时期保持着与明王朝的朝贡贸易关系；而当上述王朝受外族入侵瓦解后，这种朝贡关系则不复存在了。这些事例充分显示了元代丝路贸易对明代的深远影响。

虽然蒙古帝国的统治者们并没有建立严格的、十分完善的中央集权体系，各地并没有统一的行政体系。不过沿着丝路前进的人们，大多是以宗教信仰及其他文化交流为使命的人们，而不再是以商人为主导的丝绸之路了。诸如马可·波罗和长春真人的游记就体现了这一点。这从侧面反映了西北丝路的衰落。

此外，包括我国在内的亚欧大陆进入了逐渐寒冷的阶段。当丝绸之路的历史步入14世纪后，即被称为"明清小冰期"的开端后，西域地区脊背上已不再适合当时的人类居住。西北丝绸之路的东端几乎已经荒废。而西域各古国大多已不复存在，逐渐成为流沙之中见证丝路辉煌的遗迹了。

阅读链接

丝绸之路沿线的环境变迁和古文明消失，固然与降水量减少、冰川融水萎缩、河流断流、气候变干、水系改道等自然因素的变化有关。

但土地的过度开垦、水资源和生物资源的不合理利用、天然植被的破坏，以及盛唐以后民族纷争不断、战火摧残农业、灌溉兴废不常等人为因素，是这里古文明消失的主导原因。

丝绸之路有力地促进了中西方的经济文化交流，对促成汉朝的兴盛产生了积极作用。这条丝绸之路，一直是中西交往的一条重要通道。至今在我国的对外经济交流中，仍然发挥着重大作用。

海上丝绸之路

与陆上丝绸之路一样，海上丝绸之路也是中、外贸易通道。在这2000多年的中外贸易历史中，我国的主要输出品有时是丝绸，有时是瓷器或其他；而外国的贸易商品更是五花八门，因此有的学者也称之为瓷器之路、皮货之路或丝香之路等。既然丝绸之路已约定俗成，也就称海上丝绸之路，简称海上丝路。

海上丝绸之路的发展过程，大致可分为这样几个历史阶段：一是从周秦至唐代以前为形成时期；二是唐宋为发展时期；三是元、明两代为极盛时期。

商代箕子开辟海上丝路

　　通过对远古时期的海船和陶器的发现，以及石器、铜鼓和铜钺的分布区域的研究得知，早在先秦时期，我国的岭南先民已经穿梭于南中国海乃至南太平洋沿岸及其岛屿，其文化间接影响到印度洋沿岸及其岛屿。

■ 停泊在港口的货船

■ **独木舟** 又称独木船，是用一根木头制成的船，是船舶的"先祖"，是最早的船舶。在我国古籍《易经·系辞》中有"刳木为舟"的记载，就是说独木舟是刳木而成的。我国古代独木舟大致有三种类型，第一种是平底独木舟，头尾呈方形，没有起翘。第二种是尖头方尾独木舟，它的头部尖尖的，向上翘起，尾部是方的。第三种是尖头尖尾独木舟，舟头翘起，尾部也起翘。1958年，江苏武进县出土3条独木舟，据考证是春秋战国时的独木舟，是我国目前发现的最古老完整的独木舟，号称"天下第一舟"。

这说明早在距今6000年左右，我国的岭南先民已经利用独木舟在近海活动了。

距今3000年至5000年期间，东江北岸近百千米的惠阳平原，已经形成以陶瓷为纽带的贸易交往圈，并通过水路将其影响扩大到沿海和海外岛屿。

根据当地发现的遗物以及结合古文献的研究表明，南越国已能制造二三十吨的木楼船，并与海外有了相当多的交往。

南越国的输出品主要是漆器、丝织品、陶器和青铜器；输入品正如古文献所列举的"珠玑、犀、玳瑁、果、布之凑"。当时，主要贸易港口有番禺和徐闻，番禺是广州的古称。

约公元前11世纪前后，商周交替之时商的重臣箕子被周武王封于朝鲜。这在《史记·宋微子世家》《尚书大传·洪范》中都有记载。

当时，箕子从山东半岛的渤海湾海港出发到达朝

南越国 是秦朝将灭亡时，由南海郡尉赵佗起兵兼并桂林郡和象郡后于约前204年建立，国都位于今天的番禺，疆域包括今天我国的广东、广西两省区的大部分，福建、湖南、贵州、云南的部分地区和越南的北部。南越国又称为南越或南粤，在越南又称为赵朝或前赵朝。

■ 古代帆船模型

周武王 （约前1087—前1043），姬发，西周王朝开国君主，周文王次子。因其兄伯邑考被商纣王所杀，故得以继位。他继承父亲遗志，于公元前11世纪消灭商朝，夺取全国政权，建立了西周王朝，表现出卓越的军事、政治才能，成为我国历史上的一代明君。

鲜，教朝鲜人民田蚕织作。我国的养蚕、缫丝、织绸技术也因此通过黄海最早传至朝鲜。

大量我国古代典籍和朝鲜史书的记载，在朝鲜出土的青铜器、陶器以及朝鲜的地面古迹，从三个方面相互印证，箕子受封的地方即后来的平壤。箕子朝鲜的历史延续了1000多年，直至西汉被燕国人卫满所灭，建立了卫满朝鲜。

箕子朝鲜可以说是朝鲜半岛文明开化之始，据说后世朝鲜人喜爱白色的民俗就是商代的遗风。

箕子到朝鲜半岛不仅传去了先进的文化，先进的农耕、养蚕、织作技术，还带入了大量青铜器，另外还制定了"犯禁八条"这样的法律条文，以至于箕子朝鲜被中原誉为"君子之国"。

公元前3世纪末，第一次有了关于朝鲜的文字记载。司马迁在《史记》中说，商代最后一个国王纣的兄弟箕子在周武王伐纣后，带着商代的礼仪和制度至朝鲜半岛北部，被那里的人民推举为国君，并得到周朝的承认，史称"箕子朝鲜"。

自古以来，中朝两国人民都珍视这一有据可查的史实。在朝鲜有自己的历史记载以来，朝鲜、韩国的史书和教科书都沿袭了这一历史学说。

箕子朝鲜乃殷商遗裔在朝鲜半岛上所建地方政权，臣于周，后又臣于秦，为周秦海外之属国。箕子朝鲜为卫氏朝鲜所取代，卫氏朝鲜为汉之"外臣"、属国。

箕子与箕子朝鲜在我国商周古史、我国东北史上占据重要位置。箕子以一个哲学家、政治家、殷商思想文化的代表、我国古代知识分子的代表出现在中国历史、中国思想文化史上。箕子作为一个哲人，在商周政权交替与历史大动荡的时代中，怀才不遇，"违衰殷之运，走之朝鲜"，他在那里建立东方君子国，其流风遗韵，千年犹存。

根据韩国人的历史书《三国遗事》记载，檀君的后人在箕子来到朝鲜之后，带着人民南迁，以免和箕子带来的人冲突。这些人后来成为韩国的始祖。

■乌蓬船模型

文明桥梁

海上丝绸之路

高句丽 我国西汉至隋唐时期东北地区的一个边疆少数民族。公元前37年，夫余人朱蒙在玄菟郡高句丽县辖区内建立政权。668年，高句丽被唐王朝联合朝鲜半岛东南部的新罗所灭，在历史上持续了705年之久，具有悠久的历史。

《汉书》 又称《前汉书》，由我国东汉时期的历史学家班固编撰，是我国第一部纪传体断代史，《汉书》是继《史记》之后我国古代又一部重要史书，与《史记》《后汉书》《三国志》并称为"前四史"。

同时，箕子在客观上开辟了我国东海的丝绸之路，把我国的先进文化带至那些未开化的地方，推动了东亚国家与我国的交流。

我国和日本一衣带水，日本自古以来就有关于蚕业的传说：公元前219年至公元前210年，秦始皇为求长生不老丹，曾派徐福率领童男、童女、船员、百工共数千人东渡日本，传播养蚕技术，日本人民后来尊祀徐福为"蚕神"。

也有记载说，公元前3世纪，江浙一带的吴地有兄弟两人，东渡黄海至日本，传授蚕织和缝制吴服的技艺。其后，内地人士或经由朝鲜，或从山东出发，三三两两地到日本定居，交往十分密切，并促进了日本蚕业的发展。

秦汉时期，是开发海上丝绸之路并将航向远洋

■古船剖面结构图

■ 古代海上丝绸之路

发展的时代。《淮南子》记载，秦始皇进军岭南时，
"一军处番禺之都"。

《史记》把广州列为汉初全国九大都会之一，
《汉书》说"番禺其一都会也"，说明在秦汉时期番
禺就是诸侯王的都城了。当时广州已是海外贸易的中
心和"犀角、象牙、翡翠、珠玑"及"果布"等舶来
品的集散地。马来语称龙脑香为"果布婆律"。

在汉武帝时派出属黄门的译长率团带着丝绸、黄
金出使印度、黄支国和斯里兰卡，开展贸易活动。之
后印尼、天竺和掸国即缅国都遣使来我国开展贸易。

226年，三国吴国官员朱应、康泰出使扶南，即
柬埔寨等国，历时10余年。至南北朝时，广州已是
"舟舶继路，商使交属"的繁华港口了。

自汉朝开始，丝绸业发达之后，我国与马来半岛
就已有接触，尤其是唐代之后来往更加密切。作为往
来的途径，最方便的当然是航海，而中西贸易也利用
此航道做交易之道，这就是海上丝绸之路。

《淮南子》又
名《淮南鸿烈》
《刘安子》，是
我国西汉时期创
作的一部论文
集，由西汉皇族
淮南王刘安主持
撰写，故而得
名。该书在继承
先秦道家思想的
基础上，综合了
诸子百家学说中
的精华部分，对
后世研究秦汉时
期文化起到不可
替代的作用。

西汉朝廷派出绎使率领的船队，沿着民间贸易开发的海上航线，到达中南半岛，南洋群岛，印度东南海岸和斯里兰卡等地。

公元前1世纪，我国丝绸已成为地中海世界最珍贵的衣料，其中部分衣料是从海上丝绸之路到达地中海东岸的。同时，外国的香料、金银器、宝石、琉璃器等货物也从海路运到我国来。

随着汉代种桑养蚕和纺织业的发展，丝织品成为这一时期的主要输出品；而乳香和家内奴仆是以往输入品中所未见的。

特别是东汉后期，航船已使用风帆，罗马帝国已第一次由海路到达广州进行贸易。同时，我国带有官方性质的商人也到达罗马，这标志着横贯亚非欧三大洲的、真正意义的海上丝绸之路的形成。

我国自古以丝绸闻名于世，古希腊人把丝叫作SER，就是从"丝"字读音而来的，SERES就是制丝的人，以后被引申为产丝的地方：中国，因此古希腊人曾把中国称为赛里斯。

丝绸之路开辟后，我国丝绸远销至罗马帝国，但要经过亚洲西部古国安息商人转销。罗马人希望能找到海上通道到中国。汉武帝时，

古代帆船模型

罗马帝国曾到汉朝入贡。

汉代海上丝绸之路是我国海船经南海，通过马六甲海峡在印度洋航行的真实写照，这条海路自广东徐闻、广西合浦往南海通向印度和斯里兰卡，以斯里兰卡为中转点。

这样，我国从斯里兰卡可以购得珍珠、璧琉璃、奇石异物等；而我国的丝绸等由斯里兰卡可转运到罗马，从而开辟了海上丝绸之路。

古罗马学识渊博的科学家普林尼所著的《自然史》说，在罗马恺撒时代，拉切斯等人从斯里兰卡岛海道出使罗马，据拉切斯对罗马人说，他父亲曾亲自到过中国，还说中国和罗马都与斯里兰卡有直接往来。

普林尼还介绍说，罗马贵族"投江海不测之深，以捞珍珠"。罗马贵族把珠宝除留给自己享用外，还

璧 古代的一种器物名，一般为玉质，也有用琉璃质的。璧的形状通常呈扁圆形，中心有一圆孔，但也有出廓璧，即在圆形轮廓外雕有龙形或其他形状的组。通常在矿石山上开采出来。玉璧是古代贵族所用的礼器，不同时代和不同情况下，也有起信物和装饰物作用的。

■航海罗盘 作为一种指向仪器，在我国古代军事、生产上、日常生活、地形测量上，尤其在航海事业上，都起过重要的作用。航海罗盘用于航海之后，不论天气阴晴，航向都可辨认。史籍中最早记载航海罗盘用于航海的是在北宋。朱彧在他的《萍洲可谈》一书中评述了当时广州航海业兴旺的盛况，同时也记述了我国海船在海上航行的情形。航海罗盘为郑和开辟中国到东非航线提供了可靠的保证。

以它们"远赴赛里斯以换取衣料"。赛里斯就是指中国，衣料就是丝绸。

《后汉书·西域传》记载：至166年，"大秦王丹敦遣使自日南徼外，献象牙、犀角、玳瑁，始乃一通焉"。这是我国同欧洲国家直接友好往来的最早记录。

这种友好往来，突破了斯里兰卡的中转，是接通了海上远洋东西航线直接进行的。这样，我国便可以与欧洲国家直接进行贸易。

阅读链接

有史料记载，在东晋时期，广州成为海上丝绸之路的起点。当时，中国的对外贸易涉及15个国家和地区，不仅包括东南亚诸国，而且西到印度和欧洲的大秦。

经营方式一是我国政府派使团出访，二是外国政府遣使来中国朝贡。

丝绸是主要的输出品。输入品有珍珠、香药、象牙、犀角、玳瑁、珊瑚、翡翠、孔雀、金银宝器、犀象、棉布、斑布、金刚石、琉璃、珠玑、槟榔、兜銮等。

广州海上丝绸之路贸易的发展，致使对外贸易收入成为南朝各政权的财政依赖。

三国孙权拓展海上丝路

　　我国汉末三国时期，正处在海上丝绸之路从陆地转向海洋的承前启后与最终形成的关键时期。

　　这一时期，孙权雄踞江东，以古之大禹为榜样，主张"国以民为本，民以食为天"，"不更通伐，妨损农桑"而竭力发展经济，开创造船业，训练水师，以水军立国，并派遣航海使者开发疆土，与外通好，作出了重大贡献。

古代航海帆船模型

　　航船和航舰是航海的必备条件与主要工具。在三国之前，一般都是靠帆船与信风，在海上漂泊无定，几近冒险，为此而丧生者，不计其数。

　　至三国时期，由于孙吴同曹魏、刘蜀在长江上作战与海上交通的需要，积极发展水军，船舰的设计与制造有了很大的进步，技术先进，规模也很大。

据张大可著《三国史》，孙吴造船业尤为发达。汉代主要造船地区在长江下游苏州、无锡、安庆等地，多是平底内河船。孙吴造船中心，移往建安郡侯官、临海郡永宁县、横屿船屯、南海郡番禺县等港口。孙权设置典船都尉，专门管理造船工场。

孙吴所造的船，除了军舰之外，其次为商船，数量多，船体大，龙骨结构质量高。最大舰可载3000士兵，有上下5层，雕镂彩画，非常壮丽，续航能力强。

载马80匹的海船称小船，航行在南海上的商船，"大者长20余丈，高出水两三丈，望之如阁楼，载六七百人，物出万斛"。

孙吴武装船队出海百余艘，随行将士万余人，北

■ 精致的古船模型

上辽东、高句丽，南下夷州，即今台湾，及东南亚今越南、柬埔寨等国，吴国灭亡时，有战船、商船等5000多艘。

古代货船模型

孙吴发达的造船业对后世出海远航创造了更为有利便捷的条件，对于贸易与交通的发展、海上丝路的进一步形成起了积极的推动作用。

三国时期，随着造船业的崛起与发展，人们很自然地把目光从内河而投向海外。江东地区的先民早就积累了相当丰富的航海知识与技术，这可以从先民们的探索历史中得到印证。

一是季风，古称"信风"，与海流为先民们的出海远航提供了必不可少的条件。

二是冲淡水性质的沿岸流，造成先民们出海的好时机。

三是天文航海术与地文航海术，成为先民们远航时判别时间与方向的依凭。

四是船舶操纵技术，提供了比以前更为可靠的技术保证。

由于航海术的提高，三国孙吴多次派使者出海远航，成为开拓性的壮举。

只有大船而无驾驭大船的水手和船员，也无法出海远航。这一点，孙权及其东吴以"水军立国"的战略思想，培养与造就了一大批善于水上作业的精兵强将。

这在汉代尚不具备这种条件，而且经过此后许多年的传承与发

■古代造船场景 早在新石器时代，我们的祖先就广泛使用了独木舟和筏，并且走向了海洋。秦汉时期，我国造船业的发展出现了高峰。据古书记载，秦始皇曾派大将率领用楼船组成的舰队攻打楚国。到了汉朝，以楼船为主力的水师强大起来。舰队中配备有各种作战舰只，有在舰队最前列的冲锋船"先登"，楼船是汉朝有名的船型，它的建造和发展也是造船技术高超的标志。

展，对后世也确有肇始与开启之功。

孙权水军士卒训练有素，良将云集，纪律严明，因而战斗力很强，就连大政治家、大军事家曹操也十分钦佩。

公元213年，曹操与孙权在濡须的一场水战中吃了败仗，被歼3000人，自溺数千人。

而望孙权，则仪表堂堂，沉着指挥，战船高大，器械精良，军伍整肃，作战勇敢，曹操既惊奇又敬佩地说："生子当如孙仲谋，刘表儿子若豚犬耳！"这是作战对方对孙权水军的称赞。

孙权水军的精良，在客观上是因为它具有得天独厚的优越条件：其一，有一条从黄海到南海漫长的海岸线；其二，有长江、钱塘江、赣江、闽江、湘江、东江、北江、西江以及太湖、洞庭湖、鄱阳湖等大江大湖，而且江湖连接成网；其三，国内有较发达的炼铜、炼铁、造船、纺织等工业，为发展水军提供了雄厚的物质基础和足够的技术力量。其四，吴与魏、蜀基本上以长江、湘江为界，争夺要地，战争的特点是水战，这就决定了发展水军的必要性和迫切性。

孙吴的"地利"条件之长，正是蜀魏"地利"条件之短，孙吴发展水军是完会符合客观实际的。

更重要的是，孙权及其东吴拥有出海的大船与技术，拥有人才与水兵不说，如果缺乏从事海外贸易的物资，这条海上丝绸之路也就不可能形成。

三国时期，作为海上贸易之"大宗"者，当首推丝绸。孙吴的丝织业已远超两汉的水平与规模，而有自己独特的创新与发展。

孙吴时期，统治者重视农桑，致力垦荒，许多大臣都提出了这类建议。

259年，景帝孙休下诏："今欲偃武修文，以崇大化，推此之道，当由于士民之赡，必须农桑，田桑已

刘表　字景升，山阳郡高平人。东汉末年名士，汉室宗亲，荆州牧，汉末群雄之一。姿貌温伟，少时知名于世，与7位贤士同号"八俊"。主要成就是平定荆州，立学校、修礼乐。他属于汉家皇室一族。刘备是中山靖王刘胜之后，刘表是正宗的皇亲。

■丝绸之路起始地

陆逊（183—245），本名陆议，字伯言，吴郡吴县人。三国时期著名的军事家、政治家。东吴名将，历任吴国大都督、上大将军、丞相。东吴大帝孙权兄长沙桓王孙策之婿，世代为江东大族。222年，陆逊在夷陵击败刘备所率蜀汉军，一战成名。

至，不可后时。"说明孙吴政权对丝绸生产的重视。

非但如此，陆逊还在海昌屯田时，"督劝农桑"；诸暨、永安等地也生产御丝；永嘉还贡八蚕之绵。可见丝绸生产区域得到扩大。

后来在安徽南陵县麻桥乡发现东吴墓葬，随葬有梭子、纺锭等纺织工具和记有练、绢、锈、锦、缯、纻、布的遣册，极有可能就是一位丝绸生产者的墓葬，这为东吴丝绸生产提供了实物证据。

三国时吴国还设有官营丝绸生产机构。史载孙权夫人潘氏，"父为吏，坐法死，夫人与姊具输织室。权见而异之，召充后宫"。同时，孙权又曾"敕御府为母做锦被，改易帷帐，妻妾衣服悉皆锦绣"。由此看来，御府中也生产锦绣等丝绸产品，具体生产作坊就是御府下属的织室。

例如两晋时期，据《邺中记》记载："石虎中、尚方御府中巧工作，绵织成署皆数人。"

石虎即赵石虎的官营丝织作坊，在当时规模最大，尚方御府，即后赵主管这类作坊的组织，其下又有织锦署、织成署等。

三国孙吴在上述诸方面都比汉代有较大进步，具有

■ 大型帆船模型

出海远航的主客观条件，因而形成东海丝绸之路。

他根据季风的变化规律和海流的方向，在夏季的6月至8月，从江浙沿海出发，借助风帆和海流移动的力量，以及天文、地文导航，在顺风顺水相送下，航渡出海近则台湾，远则日本等地。

这条航线的有无，已被后世的航行所证实。古代日本与中国南朝的交通，唐及唐以后遣唐使以及贸易商船的往来，大多采用这条路线，自然与利用海流、天文和地文导航有关。

不过这条航线事先是不一定了解的，更不会知道所到之处是什么地方，远航的结果，往往后来才知道。

在海上丝绸之路的形成与发展过程中，许多方面的事实都说明雄踞江东的孙吴很有作为、很有建树并卓有成效。

阅读链接

据考证，三国当时孙吴造船业已经达至国际领先的水准。

1955年在广州出土了东吴的陶质船模，船模从船首至船尾有8根横梁，8根横梁说明有8副舱板，它们把船体分成9个严密的船舱。

这就是用横梁和隔舱形成的分隔舱结构造船技术。船要航行时，即使有一两个船舱受到破坏进水了，水也不会流入其他船舱中，船也不会马上沉没。进水的船舱可以抓紧时间抽水、堵塞漏洞和进行其他修理，并不影响船的继续航行。

唐宋海上丝路继续发展

海上丝绸之路是古代我国与外国交通贸易和文化交往的海上通道，它的开辟，使我国当时的对外贸易兴盛一时。

海上丝绸之路形成以后，随着时代的变迁和各个朝代的发展，航海路线不断得以完善。

隋朝统一全国，结束了几百年之久的分裂割据局面。594年，隋文帝下诏立祠祭祀四海，在广州外港黄木湾建南海神庙，此后历代帝王都派员到庙立碑致祭，后世存有各种御碑、古碑30多通，有南方"碑林"之称。

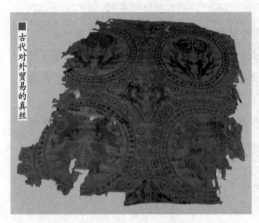

古代对外贸易的真丝

607年，隋炀帝派屯田主事常骏和虞部主事王君政出使赤土国，即今马来西亚，那时的使官其实主要也进行贸易活动，这也进一步

■古代泉州码头场面

发展了海上丝绸之路。

广州黄埔庙头村的南海神庙是我国最大的海神庙，是古代海上交通的重要遗址，是当时国家重视海外贸易的体现。中外商船出海前按例到庙拜祭，祈求航海一帆风顺，贸易兴隆。庙前有"海不扬波"石牌坊。神庙所在的古扶胥镇有繁华的外贸集市。

以此为起点的海上丝绸之路，通达南洋、南亚、西亚和东非，因此南海神庙又称波罗庙，后世形成了庙会，十分热闹，其间有数万人来赶庙会。

中日两国之间一衣带水，通过朝鲜半岛或经由日本海环流水路，交往十分方便。

据日本古史记载，公元前6年，我国的罗织物和罗织技术已传到日本。3世纪，我国丝织提花技术和刻版印花技术传入日本。

隋代，我国的镂空版印花技术再次传至日本。隋

文明桥梁 海上丝绸之路

隋文帝 我国隋朝开国皇帝。他在位期间成功地统一了百年严重分裂的中国，开创先进的选官制度，发展文化经济。使得中国成为盛世之国。是西方人眼中最伟大的中国皇帝之一。被尊为"圣人可汗"。

■ 古代海外贸易场景

刘禹锡 字梦得，唐朝文学家，哲学家，自称是汉中山靖王后裔，曾任监察御史，有"诗豪"之称。他政治上主张革新，是王叔文派政治革新活动的中心人物之一。后来永贞革新失败被贬为朗州司马，其间写了著名的《汉寿城春望》。

唐时期，日本使节和僧侣往来中国频繁，他们在浙江台州获得青色绫，带回日本作为样板，仿制彩色锦、绫、夹缬等，日本一直沿用着我国唐代的名称，如绞缬、腊缬、绸、绫、羽等。

在唐代，江浙出产的丝绸直接从海上运往日本，丝织品已开始由礼物转为正式的商品。

奈良是当时日本的首都，可以说是我国丝绸之路的终点，正仓院则是贮藏官府文物的场所。

671年，唐代僧人义净出访东南亚和印度等30余国，历经25年，译经56部，共230卷，著《大唐西域求法高僧传》，为61人立传，这些人大部分是取海道往印度的。

唐代是南海海上丝绸之路发展的第一个高峰，在广州光塔路一带居住有12万外国商人，主要是阿拉伯人，这里有蕃坊，还有蕃市、蕃学、蕃仓，形成了当时十分繁华的国际珠宝市场。

唐天宝年间，阿拉伯人建造了怀圣寺光塔，这是我国最早的伊斯兰塔，具有导航、瞭望和气象观测作用，是我国海上丝绸之路的丰碑，一直保存着清真先贤古墓等重要遗物。

唐太宗时，每年来广州的外国商船多达4000艘，603年至894年间日本来唐人数达3622人。

753年扬州高僧鉴真经5次东渡失败后终于成功到达日本。

隋唐宋元时期，由于政府重视海外贸易和海外交通航线的开辟，中西贸易出现了空前的繁荣，特别是广州港已发展到能容大小海舶千艘。

正如唐代诗人刘禹锡所写：

连天浪静长鲸息，映日船多宝舶来。

《大唐西域求法高僧传》 唐代高德义净在南海室利佛逝国时的作品。书中记载玄奘西行回国以后，到本书写出为止的46年间，到印度和南海访问的57位分别来自大唐、新罗、睹货罗、康国、吐蕃的禅师、法师的事迹，此外兼述经济、风俗及旅行路线，成为研究7世纪南洋诸国状况和国际交通的重要资料。

■我国古船模型

唐人贾耽记载的《广州通海夷道》是当时中西交通的最长航线，长达14000千米。其时市舶的收入已成为国家财政收入的一大支柱，失去这一财源，"国藏浙当废竭"。广州市场上"雄番夷之宝货，冠吴越之繁华"。

至宋代，广州城市进一步国际化，宋神宗年间已是"城外蕃汉数万家"。有的蕃商"住唐"达"五代"，"家资数百万缗"。"广州富庶天下闻。"

古代意大利旅行家鄂多立克说广州"是一个比威尼斯大三倍的城市，整个意大利都没有这个城的船只多"。

阿拉伯游历家伊本·白图泰认为广州是"世界大城之一也。市场优美，为世界各大城所不及"。

1080年，宋朝正式颁布《广州市舶条》，并向全国推行。从机构和制度上加强对外贸的监督、管理。

宋朝是我国历史上经济最繁荣、科技最发达、文化最昌盛、艺术最高深、人民生活水平最富裕的朝代之一，也是当时世界上发明创造

■唐代丝绸之路示意图

最多的国家。

宋朝也是我国对世界贡献最大的时期，我国历史上的重要发明一半以上都出现在宋朝。那时我国四大发明的3项发明在宋代得到大规模实际的运用，像火药、指南针、印刷术、纸币、锤线纺织、瓷器工艺的重要改革等。

同时，宋朝航海、造船、医药、工艺、农技等技术都达至古代前所未有的高度，指南针在宋代开始大量装备远洋船舶。

泉州也是"海上丝绸之路"的起点之一，早在唐代，泉州刺桐港就是我国四大外贸港口之一，在宋时与埃及亚历山大港齐名，被誉为东方第一大港。

泉州素有"海滨邹鲁"之誉，人文荟萃，文化昌盛，中西文化长期在这里交流汇聚，造就了灿若繁星的文化名人，留存了以南戏、南

■ 宋代航海罗盘

《新唐书》 北宋时期宋祁、欧阳修等人编撰的一部记载唐朝历史的纪传体断代史书，"二十四史"之一。《新唐书》在体例上第一次系统地论述了唐代府兵等军事制度和科举制度。它是我国正史体裁史书的一大开创，以后各朝史书，多循此制，这也是《新唐书》在我国史学史上的一大功劳。

音、南少林为代表的辉耀古今的文化遗产和大量世人罕见的中外历史文化瑰宝。

两宋时期的海上丝绸之路东向日本、高丽，航行季节多在夏、秋，利用东南季风渡海。

南宋时，前往高丽有两条路线可行，这两条航线形成于唐朝。唐代承汉代南朝海航传统，黄海北线、南线并存，又新开辟东海南线、北线航路。

东海南线是从日本大阪出发，经过平户岛，沿九州西岸南下，经沥津、种子屋久诸岛、冲绳，最后横渡海峡，抵达我国。《新唐书》记载："新罗梗海道，更由明、越州朝贡。"

东海北线是从江浙沿海诸港出发，途经日本九州直航，当时的商人多取这个路线通航。

宋代渡海远航，已广泛使用指南针导航，其一为水罗盘；二为磁性工具。可以说，宋代首用磁性工具导航，开创了世界航海史的新纪元。市舶司制度起源已久，在我国历代与海外贸易、交往过程中曾发挥过重要作用。

在唐朝时，官方就开始有了专门管理外贸的机构：市舶司。当时，浙江的明州就设有市舶司，隶属浙江舶务。基于市舶司制度的完善和宋王朝对于海外贸易的重视，宋代对于对外贸易的管理是相当成功的。

对于进口货物，首先到官署即市舶司登记，缴纳一般大约10％的入口关税，之后再流入市场，当然，开始的时候仅允许在管定地点贸易，但是不久之后就放弃了这些限制。

宋政府市舶司对于对外贸易也是有严格监控的。在制度上，宋政府对于出口货物有几项禁令，基本目的是防止战略性资源外流到敌国手中，比如铁和兵器是严禁带往海外的，对进口货物也有一些是禁止入境的。

市舶司及其相关制度措施的实施，保护并且拓展了正常的对外贸

宋代帆船模型

■ 南宋古船模型

知州 古代官名。宋以朝臣充任各州长官，称"权知某军州事"，简称知州。"权知"意为暂时主管，"军"指该地厢军，"州"指民政。明、清以知州为正式官名，是各州行政长官，直隶州知州地位与知府平行，散州知州地位相当于知县。

易，而且使宋代以前朝贡贸易为主、礼节性为主的经济来往，逐渐转变为官方和民间贸易并存的局面，以政治性贸易为主的地理交往转变为中朝民间资本自发追求商贸利益的航海行为，自此，我国与朝鲜半岛互市，兴旺发达。

明州自古就是我国东南沿海外贸海港，在闻名中外的海上丝绸之路中扮演着极其重要的角色。明州港作为外贸港经过唐代长期发展、积淀后，在宋代达到鼎盛时期。

市舶司制度建设的完善，尤其是明州高丽使行馆的建设等，都为明州在宋代中国与朝鲜半岛海上贸易的作用创造了优越的条件，高丽使行馆也成为海上丝绸之路和海港文化的重要象征。

高丽与宋朝的朝贡贸易，有东路、南路两条贡道。据《宋史》记载，高丽使者一般皆由山东登州登陆，由陆路到都城开封朝贡，即东路。当时，高丽使臣向宋朝廷建议，为了避开契丹国的威胁，要求改变贡道，通过水路由明州登陆，再转杭州经运河到开封，即南路，获得宋王朝的批准。

1052年左右，市舶收入达53万贯，至1066年左右，增至63万贯，这是一笔可观的收入。有鉴于此，明州人楼异在任随州知州向皇帝陛辞时，建议在宁波设来远局，建高丽使行馆，以供高丽使者每年来宋贸易之用。他的建议获得宋徽宗采纳，便改命他任明州知州，以执行这一任务。楼异到明州后，于1117年在月湖建高丽使馆，这是设在江南的唯一的高丽使馆。

高丽使馆安置的货物有两种：一种是从高丽运来的朝贡货物，这些货物在三江口经过抽解，即缴纳船舶税，一般为10%。剩下的大部分，据《宋史·食货志》的《互市舶法》记载，由明州官府统购，或付以铜钱，或以货换货，所换的货物主要为丝织品、瓷器、茶叶、书画、乐器、雕塑品等。这些货物，自然需要安顿在高丽使馆。

海上丝绸之路在宋朝发展至顶峰，通过海上航道，我国与世界许多地区保持着贸易联系，这种贸易也促进了宋朝经济的繁荣发展。

阅读链接

已故著名学者邓广铭教授指出："宋代是我国封建社会发展的最高阶段，其物质文明和精神文明所达到的高度，在中国整个封建社会历史时期之内，可以说是空前绝后的。"

明州宋高丽使馆遗址位于浙江省宁波市月湖东岸宝奎巷一带，馆制经重新兴建后位于风景秀美的月湖公园内。1984年被海曙区人民政府公布为区级文物保护单位。1999年在月湖改造时，发现了高丽使馆的准确遗址。现高丽使馆为月湖景区景点之一，并被辟为高丽使馆史迹陈列室。

元代海上丝路逐步完善

至我国元代时期，陆上丝绸之路因元朝疆域远至黑海、波斯湾地区，已经十分畅通，同时海上丝路也更为繁荣了。

忽必烈尽管是来自内陆深处的草原皇帝，可是面对浩瀚无限的蓝色海

海上丝绸之路遗址

■ 古代航海图

洋，他踔厉风发地敞开了国门，对推动社会对外开放采取积极的态度，元世祖的气魄和胸襟，不仅丝毫不亚于汉武唐宗，更是以后的明清诸帝所无法相比的。

1278年8月，大汗发布诏旨，"诸番国列属东南岛屿者，皆有慕义之心，可因番舶诸人宣布朕意，诚能来朝，朕将宠礼之，其往来互市，各从所欲！"这不仅是招徕海外番商与元朝"往来互市"的宣传书，也是鼓励元朝官民参与构建"蓝色梦想"的动员令。

元代政府旗帜鲜明地施行对外开放，有政治上的世界意义，说明蒙古大汗具有"世界君主"的意识，他们在极为广袤的土地上普遍建立驿站制度，便利了中外交通。统治者还不时把目光远远地投向西欧，虽然未能君临彼土，但也不断保持联系，来则"嘉其远来"，去则有所企求。

另外，元代政府的开放也有经济上的重商倾向。元王朝坚持鼓励商业活动的政策。从大汗本人起，蒙

忽必烈（1215—1294），元世祖孛儿只斤·忽必烈，他建立了幅员辽阔的统一多民族国家元朝。他在位期间，加强中央集权，使得社会经济逐渐恢复和发展。他是蒙古民族光辉历史的缔造者，是蒙古族卓越的政治家、军事家。

儒学 儒家学说，或称为儒教，奉信孔子为先师，以"儒"为共同认可符号，各种与此相关或声称与此相关的思想道德准则，是中华文明最广泛的信仰构成。春秋战国时期，孔子在鲁国讲学，以"诗、书、礼、乐、易、春秋"之六经为经典，奠定了儒家的最早起源。

古贵族几乎都热衷于从商业活动中赢取厚利。

他们自己不会经商，而是把国库或个人的本银交给中亚伊斯兰商人斡脱来经营，他们分享利润。是由政府管理和控制的，在旅行、住宿等方面得到政府的保护，形成了元代特殊的商人集团。

斡脱的商业活动范围极广，在国内渗透到西藏这样的边地，在国外伸展到伊利汗国和印度。通过斡脱的活动，元代中国的商业金融业在一定程度上是具有国际性的。

同时，元代的对外开放也有文化上的兼容并纳。元代在文化上的兼容并纳首先表现于它的宗教政策。蒙古朝廷对各种宗教采取优容的态度，对各教一视同仁，不分彼此。这就从总体上、从传统上打破了汉、唐、宋等历代大王朝"独尊儒术"的局面。这在某种

■五桅沙船模型

■泉州丝绸之路上的货船模型

程度上是有利于中外文化的交流的，因为儒学失去了独尊的地位，它对于其他文化的排斥力就削弱了。

元代航海家汪大渊两次从泉州出海远航达12年，并著有《岛夷志略》，记载我国丝绸从泉州输往海外达40多个国家和地区。

元代在泉州、庆元、上海、澉浦、温州、广州、杭州设立了7处市舶司，管理对外贸易。多口岸向日本出口龙缎、苏杭五色缎、花宣缎、杂色绢、丹山锦、水绫丝布等。

这些港口往来船舶如梭，十分繁华，特别是泉州港的繁荣，给许多外国旅行家留下了深刻印象。

元朝外贸实行的是"官船贸易"方式，与一些国家签订商约，当时我国的海船已极其牢固和庞大，并且设施较为齐全，大批士兵随船往返，可防止海盗的袭击。

我国商船按期将生丝、花绸、缎、绢、金锦等运到各国，东起菲律宾及印尼各岛，西至印度的科泽科特、伊朗的霍尔木兹、伊拉克的

■ 古代港口码头

旭烈兀 成吉思汗之孙、拖雷之子，忽必烈、蒙哥和阿里不哥的兄弟，是伊利汗国的建立者，西南亚的征服者。作为成吉思汗的孙子，旭烈兀的一次次辉煌战绩也证明了他无愧于杰出军事统帅的称号，他将"上帝之鞭"伸向了西亚，在真主的土地上建立了自己的国家。

巴士拉、也门的亚丁、沙特阿伯的麦加、埃及的杜米亚特，直至大西洋海滨摩洛哥的丹吉尔，南面可远销至马里的摩加迪沙、坦桑尼亚的基尔瓦等地。

元朝政府与高丽、安南等国也有官方往来，多以丝绸作为国礼相赠。除了由国家控制丝绸出口外，元朝规定不许私贩，但仍有一些海外商人私下闯入产区收购，如元朝常有人从钱塘江逆流而上，到建德去求购生丝。

1258年，曾为"海上丝绸之路"劲旅的西亚阿拔斯王朝，被旭烈兀率领的元朝西征军推翻，强大的阿拉伯帝国的帆船队宣告失败，元朝商船队在海上丝绸之路上获得空前机遇，元代海外活动的范围也远远超过了前代。

据《元史》记载，亦黑迷失是元朝杰出的远洋航海家、外交家兼水军将领，除率水师攻打过爪哇国、今苏门答腊岛中部的南巫里、苏木都剌、不鲁不都、八剌等岛国外，还率官方贸易船队4次奉旨出航南亚。

继亦黑迷失访问印度半岛的八罗孛国、马八儿国和僧珈剌国后，这几个国家纷纷"奉表称藩"，但印度半岛的一个重要国家俱兰国未有回应，这使得忽必烈很不高兴。

于是，1279年底，忽必烈派广东招讨使杨廷璧出使俱兰国。1280年杨廷璧到达俱兰，国王表示来年再遣使通交，杨廷璧带着俱兰国书回元。

1281年11月，忽必烈第三次派杨廷璧一人率使团携国书远洋前往俱兰国。

至1286年，在杨廷璧与亦黑迷失的多次远洋出使影响下，南洋与东非的10个国家先后与元朝建立了外交关系。

元朝的海上丝绸之路上，浙江澉浦的杨氏家族在元朝赫赫有名。最初，杨发掌管元朝的庆元、上海、澉浦3处市舶司，后在家乡修筑船场造大船，并进行航海贸易，成为一代海商巨富。

杨发去世后，其子杨梓继承了父亲的船队，主要从事对日本和高丽等国的海上贸易。忽必烈虽然对日

招讨使 我国古代官名。置于唐贞元年间。后遇战时临时设置，常以大臣、将帅或节度使等地方军政长官兼任，掌镇压人民起义及招降讨叛，军中急事不及奏报，可便宜行事。辽北面边防官与金沿边诸路也常设招讨司，长官为招讨使。元代常于边陲地区置招讨司，长官为招讨使。

■ 丝绸之路古船

■ 元代货船模型

千户 官名，金朝始置，为世袭军职。成吉思汗建国后封功臣，也用此名，又称千夫长。元朝于各路设千户所，置千户为长官，隶属万户，下领百户。以统兵数量分为上、中、下三等。700人以上为上千户所，500人以上为中千户所，300人以上为下千户所。

本两次用兵，但从没有禁止过与日本的民间贸易。

1301年，杨梓之子杨枢承包了泉州致用院的官本船，出海经商贸易。并率远洋船行至西洋，适遇波斯王派遣使臣那怀数人欲去元国"来贡珍物"，于是载着那怀等一同回国来朝。1303年，杨枢与那怀平安到达中国，那怀等人去京城觐见了天子。

1304年，那怀因为念及杨枢海船之稳定与远洋途中高超的驾驶技术，请求元朝廷还由杨枢率船队护送他们一行回国。元文宗图帖睦尔早知杨枢精于船事，因此当即同意，并加封杨枢为忠显校尉海运副千户。

泉州在元朝长期保持我国和世界第一大商港的地位，与忽必烈在灭宋前后积极招降、重用阿拉伯商人后裔蒲寿庚有很大的关系。元朝廷当时授蒲寿庚为昭勇大将军、闽广都督兵马招讨使兼提举福建广东市舶，一时蒲寿庚在南海诸国声名大振。

1279年6月，政府派蒲寿庚部下尤永贤招谕南毗国，"占城、马八儿诸国遣使"来华，其他国家和地区的使者和商人也相继而至。通过招谕活动，泉州港的海外交通贸易蒸蒸日上，在元代出现了鼎盛的局面，跃居为世界大港，以"刺桐港"之称名扬四海。

蒲寿庚的另一贡献是促成了元世祖忽必烈对妈祖的加封。1278年8月，元世祖"制封泉州神女号护国明著灵惠协正善庆显济天妃"。这与元朝急于恢复海外贸易和击灭南宋残部有关，这是应蒲寿庚奏封而决定的。

元代与我国交往的海外国家和地区，见于文献的就有220个左右。元人还对我国以南海域做了"西洋"和"东洋"的划分。这是海外地理知识的进步。

元朝还在宋的市帕司制度上制定了"元丰市帕条"，加强了朝廷对外贸的科学管理，对以后影响很大。

元朝廷还制定了《至元法则》和《延佑法则》，相对于"元丰市舶条"来说，前者是全国一律的系统规定，侧重于商船管理、商品管理和征税、中外商人使者管理与限制等方方面面，堪称我国历史上第一部系统性较强的外贸管理法则。

阅读链接

在13世纪时期，元朝不仅是陆地的亚洲第一强国，而且是海上亚非第一强国。

虽然元朝对日和爪哇海战惨败，但海航和海上贸易以及海道运粮都很成功，虽也曾搞过海禁，但并不多，可与明朝并称海上丝绸之路的最光辉鼎盛时期。

这一切与忽必烈作为雄才大略的元世祖重视国家海域治理和海外贸易，重用蒲寿庚，亦黑迷失那样熟悉海外交通、国情和贸易的人才，采取积极鼓励对外开放，进行海上贸易和外交的国策，有非常重要的关系。

明代海上丝路达到极盛

朱元璋建立明朝后，海上丝路也达至极盛，其中特别值得一提的是郑和七下西洋的壮举。

1405年至1443年，郑和奉命统率一支庞大的船队七下西洋，前后达28年之久，遍访亚洲30多个国家，每次有大小船只200余艘，船员2.7万人。

明代的《郑和航海图》是我国最早的航海图。

从元朝时，我国的远洋贸易就非常发达，拥有当时世界上贸易量最大的几个港口和世界上最强大的海军和大

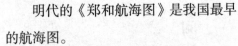
■郑和（1371—1433），原名马三保，明朝伟大的航海家。1381年冬，明军进攻云南，10岁被掳入明营，受宫成为太监，后进入朱棣的燕王府。在靖难之变中，为朱棣立下战功。1404年明成祖朱棣认为马姓不能登三宝殿，因此在南京御书"郑"字赐马三保郑姓，改名为和。

■ 明代帆船模型

量的民船和商船，为明朝的航海奠定了基础。

郑和七下西洋，既有永乐帝朱棣宣扬大国国威，出于政治目的的需要，也有我国元朝远洋贸易的传统。

1405年六月，郑和第一次下西洋，顺风南下，到达爪哇岛上的麻喏八歇国。爪哇古名阇婆，今印度尼西亚爪哇岛，为南洋要冲，人口稠密，物产丰富，商业发达。

当时，这个国家的东王、西王正在打内战。东王战败，其属地被西王的军队占领。

郑和船队的人员上岸到集市上做生意，被占领军误认为是来援助东王的，被西王麻喏八歇王误杀170人。郑和部下的军官纷纷请战，说将士的血不能白流，急于向麻喏八歇国进行宣战，给以报复。

"爪哇事件"发生后，西王十分惧怕，派使者谢罪，要赔偿6万两黄金以赎罪。

郑和第一次下西洋就出师不利，而且又无辜损失了将士，按常情必然会引发一场大规模战斗。

然而，郑和身负永乐皇帝的秘密使命，怕一旦

朱棣 （1360—1424），明朝第三位皇帝，明太祖朱元璋第四子。1402年登基，改元永乐。他五次亲征蒙古，巩固了北部边防，维护了中国版图的统一与完整。多次派郑和下西洋，加强了中外友好往来。编修《永乐大典》，疏浚大运河。在位期间经济繁荣、国力强盛，史称"永乐盛世"。

大开杀戒，沿路西洋各国恐惧明朝前来侵略，之后又得知这是一场误杀，鉴于西王诚惶诚恐，请罪受罚，于是禀明皇朝，化干戈为玉帛，和平处理这一事件。

明王朝决定放弃对麻喏八歇国的赔偿要求，西王知道这件事后，十分感动，两国从此和睦相处。

郑和在处理"爪哇事件"中，不但没动用武力，而且不要赔偿，充分体现了郑和是传播和平的使者，他传播的是"以和为贵"的我国传统礼仪，以及"四海一家""天下为公"的中华文明。

1407年10月13日，郑和回国后，立即进行第二次远航准备，主要是送外国使节回国。这次出访人数据载有2.7万多人。所到国家有占城、渤尼、暹罗、真腊、爪哇、满剌加、锡兰、柯枝、古里等。

到锡兰时，郑和船队向有关佛寺布施了金、银、丝绢、香油等。

1409年2月15日，郑和、王景弘立《布施锡兰山佛寺碑》，记述了所施之物。船队于当年夏回国。

1409年10月，永乐皇帝再次命正使太监郑和、副使王景弘、侯显率领官兵2.7万余人，驾驶海船48艘，从太仓刘家港起航，出访海上诸

■ 郑和粮船

郑和宝船

国。费信、马欢等人会同前往。

满剌加当时是暹罗属国，正使郑和奉帝命招敕，赐双台银印，冠带袍服，建碑封域为满剌加国，暹罗因此不敢再骚扰。满剌加九州山盛产沉香和黄熟香，郑和等差官兵入山采香，得直径八九尺，长八九丈的标本6棵。

在这次下西洋过程中，郑和的船队在锡兰与国外发生了战役，结果大胜敌军。

1411年，满剌加国王拜里米苏剌，率领妻子陪臣540多人来朝，朝廷赐海船回国守卫疆土。从此"海外诸番，益服天子威德"。

礼部、兵部议奏，对锡兰战役有功将士754人，按奇功、奇功次等、头功、头功次等，各有升职，并赏赐钞银、彩币锦布等。

此后郑和又多次奉命出海。

1422年9月3日，郑和船队第六次下西洋回国，随船来访的有暹罗、苏门答腊和阿丹等国使节。

1424年，明成祖去世，仁宗朱高炽即位，以经济空虚为由，下令

■ 郑和纪念堂

停止下西洋的行动。但至1430年，宣德帝又以外番多不来朝贡，命郑和往西洋忽鲁谟斯等国公干，随行有太监王景弘、李兴、朱良、杨真，右少保洪保等人。

第七次下西洋人数，根据明代祝允明《前闻记下西洋》记载，有官校、旗军、火长、舵工、班碇手、通事、办事、书弄手、医士、铁锚搭材等匠、水手、民梢等共2.7万多人。返航途中，郑和因劳累过度于1433年4月初在印度西海岸古里去世，船队由太监王景弘率领返航。

郑和的7次下西洋，加强了我国明朝政府与海外各国的联系，向海外诸国传播了先进的中华文明，加强了东西方文明间的交流；这也是我国古代历史上最后一件世界性的盛举。

在客观上，郑和下西洋改变了自明太祖朱元璋以来的禁海政策，开拓了海外贸易，使海上丝绸之路达至极盛时期。

郑和之后的明清两代，由于实施海禁政策，我国的航海业开始衰败，这条曾为东西方交往作出巨大贡献的海上丝绸之路也逐渐消亡了。

朱元璋之后的明成祖、明宣宗、明英宗等历朝政府，也都颁有禁海令，并以立法形式将禁海令列入《大明律》，强令军民人等遵守不逾。

但是，明政府实行朝贡贸易的过程中，不可避免地出现问题，即由于明廷以"怀柔远人"和"厚往薄来"的原则进行朝贡贸易，结果造成了以高于"贡品"若干倍价值的货品"赏赍"朝贡国。

这么一来，必然增加明政府的财政负担，而且随着朝贡次数的增加而负担越来越重。于是，明政府不得不对朝贡贸易的贡期、贡道、贡船、贡品和人数等进行调整和限制，其中一个重要环节就是对广东实行优惠的特殊政策。

首先，准许非朝贡国家商船入广东贸易。

1509年，暹罗船舶遭到风暴而漂流入广东海域内，镇巡官按规定"以十分抽三，该部将贵细解京，粗重变卖，留备军饷"，准其贸易。

第二年，明廷礼部肯定镇巡官的这种做法，认为

礼部 我国古代官署。南北朝北周始设，隋唐为六部之一。历代相沿。长官为礼部尚书。管理全国学校事务及科举考试及藩属和外国之往来事。礼部下设4个司，分别为仪制清吏司、祠祭清吏司、主客清吏司和精膳清吏司。

■ 郑和下西洋时的船队

布政使 我国古代官名。明初于各地置行中书省。1376年撤销行中书省，以后陆续分为13个承宣布政使司，全国府、州、县分属之，每司设左、右布政使各一人，与按察使同为一省的行政长官。后为加强统治，设置总督、巡抚等官、布政使权位乃轻。

"泛海客商及风泊番船"不属于朝贡船，因此不是市舶司的职权范围，理应由镇巡及三司官兼管。

既然准许非朝贡国家的船舶进入广东贸易，那就从根本上违背了明政府原来制定的"有贡船即有互市，非入贡即不许互市"的朝贡贸易原则，说明朝贡贸易首先在广东衰落，从而助长了广东私人出海或在本地与番商贸易的发展。

后来遭到布政司参议陈伯献和巡抚广东御史高公昭等官员的反对，但因为广东右布政使吴廷举巧辩兴利，以"缺少上供香料及军门取给"为理由，奏请广东仍然保持"不拘年份，至即抽货"的做法，使广东的对外贸易呈现出"番舶不绝于海澨，蛮夷杂沓于州城"的一派繁荣景象。

特别是至1553年前后，明政府也允准非朝贡国家葡萄牙人在浪白澳、澳门以及"中国第一大港"广州

■ 郑和下西洋运输货物的宝船

进行贸易。这就说明，广东的朝贡贸易已名存实亡，私人与朝贡、非朝贡国家均可以在广东进行贸易。

由此可见，明政府一方面禁止浙江、福建等沿海省地私人出海贸易；另一方面又用行政的和法律的手段将朝贡贸易强令于广东进行。

于是，广东省会的广州港重新成为我国海上丝绸之路的第一大港，而且是全国唯一合法的对外贸易海港，海外多数朝贡国家来中国进行贸易多取广东水道。

因此，明代成为日本大量进口我国丝绸的时期，这一时期，日本从我国输入的生丝、绢、缎、金锦等不计其数。

从明朝发布第一个禁海令，至废止海禁时止，其间接近200年之久，这个时代，正值葡萄牙、西班牙开始大航海的时候。

1557年葡萄牙人已经来到大明国门口，建立了澳门殖民地。

澳门自古以来是我国的领土。

1553年，在广东海道副使汪柏同意葡萄牙商人缴纳10％以上关税的条件下，得以在澳门进行临时贸易；1573年，明政府允准葡萄牙商

人以每年缴纳地租银500两租居澳门进行贸易。

至1582年，两广总督陈瑞，对租居澳门的葡萄牙人答应"服从中国官吏的管辖"的前提下，允准葡萄牙人租居澳门。这是明朝广东地方政府最高官吏第一次对葡萄牙人租居澳门贸易的承认。于是澳门就成为广东省管辖下的一个特殊的葡萄牙侨民社区。

之后，葡萄牙人簇拥而来澳门经商和居住，不断"私创茅屋营房""增缮周垣，加以统治，隐然敌国"。他们还视两广总督戴耀任职期间对澳门管理不力为可欺，"骄悍不法"，私自允许日本的朱印船入澳门贸易。把商船停泊在大调环、马骝洲等地外洋而偷漏船钞、货税，甚至派小艇以保护"经济之舶"，不受明朝政府守澳官的盘诘等。

葡萄牙人在澳门的这种超乎寻常贸易的举动，自然引起我国人民的不满和朝野仕宦的忧虑，纷纷向明朝皇帝上疏禀奏，一致认为广东地方官吏让葡萄牙人进入和租居澳门，实为国家安全的一大威胁和隐患。并向皇帝提出如何处理租居澳门葡萄牙人的种种主张，请求皇帝"早为万全之虑"予以裁夺和实施，以保国家之安全和领土主权之完整。

　　1614年，朝廷采纳了霍与瑕和张鸣冈的奏议，"部议从之"，正式确定早在1582年陈瑞已经准许葡萄牙人租居澳门贸易、建城设官管理的方针。

　　从此，澳门成为我国历史上一个由我国政府行使主权直接管理、葡萄牙人租居和经营贸易的"特殊地区"。

　　明朝政府采取这一政策，既有效地管治澳门，又使澳门成为广东海上丝绸之路的港口和东西方国家进行国际贸易的中继港，对于明代广东海上丝绸之路的高度发展起了积极的作用。

阅读链接

　　由于朱棣皇帝对郑和的人品、才能、知识有充分的了解，郑和少年时就在朱棣身边长大，跟着朱棣南征北战，是"靖难之役"的有功之臣，并被朱棣皇帝视为心腹。

　　但是，更为重要的是郑和本人所具备的素质和条件适合于担任下西洋总兵正使一职，率领船队下西洋。

　　首先，郑和懂兵法，有谋略，英勇善战，具有军事指挥才能。郑和下西洋中的几次军事行动也证明了郑和的军事指挥才能，确保了这几次军事行动的成功。

　　郑和知识丰富，熟悉西洋各国的历史、地理、文化、宗教，具有卓越的外交才能。在郑和下西洋前，郑和曾出使暹罗、日本，有进行外交活动的经验。

　　郑和具有一定的航海、造船知识。郑和从小就从其父亲那里得到有关的航海知识，熟悉海洋，向往航海。在郑和担任内官监太监时，营造宫殿，监造船舶，有造船经验。

　　郑和身份特殊，熟悉回教地区习俗。郑和下西洋途经的国家、地方，无论信仰风俗是什么，郑和凭菩萨戒之善巧方便，出色地完成了远航任务。

　　正是由于郑和自身条件和所具备的才能、素质，才为朱棣皇帝所赏识，并委以重任，成为下西洋船队的统帅。

清代海上丝路逐渐没落

　　清廷入关之后，为了禁止和截断东南沿海的抗清势力与据守台湾的东宁国部的联系，以巩固新朝的统治，曾经五次颁布禁海令，并于1660年、1662年、1678年3次颁布"迁海令"，禁止人民出海贸易。

■清代绸缎庄

但是，已经建立千年的海上丝绸之路并未断绝。清初，广州通向欧洲的丝绸之路，仍沿明代的航线。

■ 博物馆的货船模型

1683年清军攻占台湾后，康熙曾大量学习西方科学，他接受东南沿海的官员请求，停止了清前期的海禁政策。但是康熙的开海禁是有限制的，其中最大的限制就是不许与西方贸易。

而且此时日本的德川幕府为了防止中国产品对日本的冲击，对与清廷的贸易也采取严格的限制。因此，此时的海外贸易与明末相比，已经大为衰弱。

1685年，清政府下令"开海贸易"，并在广东、福建、浙江、云南四处设置口岸，置海关和建立关税制度。从此结束了禁海闭关政策。

于是，一些欧洲国家循着明末已经开辟的欧亚航线先后来到广州。

1689年，英国商船"防御号"首先进入广州，此

康熙（1654—1722），清圣祖仁皇帝爱新觉罗·玄烨的年号，玄烨是清朝第四位皇帝、清定都北京后第二位皇帝。他8岁登基，14岁亲政。在位61年，是我国历史上在位时间最长的皇帝。他是我国统一的多民族国家的捍卫者，奠下了清朝兴盛的根基，开创出康乾盛世的大局面。

织锦 用染好颜色的彩色经纬线，经提花、织造工艺织出图案的织物。我国丝织提花技术起源久远。早在殷商时代已有丝织物。周代丝织物中出现织锦，技艺臻于成熟。汉代设有织室、锦署，专门织造织锦，供宫廷享用。北宋宫廷在汴京等地建立规模庞大的织造工场，生产各种绫锦。

后，英国东印度公司的船队分为两队，分年轮流驶来，有些船只经由孟买、马德拉斯和加尔各答到我国，而其他船则是直达船。他们的船是1800吨至2000吨的豪华大船。

1698年，法国"安菲德里蒂号"来到广州，正式开始中法两国的贸易；1715年，奥地利3艘商船驶抵广州；据统计，1714年至1720年，英、法等国到广州贸易的船有68艘；1739年，瑞典"哥德堡号"首次驶入广州。

随着英国、法国、瑞典、丹麦、奥地利、西班牙、荷兰等西方国家的商船先后进入广州，而且就在广州对外贸易不断发展的同时，美国商船"中国皇后号"于1784年2月22日自纽约起航，载着40多吨的洋参，于8月28日到达广州，标志着美国直达广州航线的开通。

■ 清代的船模

这艘360吨的船是一群纽约商人购置和装备的，

船长是约翰·格林。该船抵达广州黄埔港时，受到广州海关官员的欢迎。船货管理员山茂召说："中国人很喜欢她(船)……称我们为新民族。当我们用地图示以我国的疆界及现在和日益增加的人口时，他们看到他们的物产将有这样一个广大市场，很为高兴。"

"中国皇后号"返回美国时，带回了瓷器、丝绸、织锦、茶叶、漆器、家具等多种品种的中国货。

山茂召在1786年又一次驶往广州。他在写给他的弟兄的信中说："我这次出行的条件，颇有大展宏图的希望。"

"中国皇后号"的航行路线，是按照欧洲国家商船航行的传统航线，即从纽约起航之后，向东航行，横越大西洋，到达非洲大陆的最西点塞内加尔的佛得角。又横渡印度洋，穿越印度尼西亚的苏门答腊和爪哇岛之间的海峡，然后驶向我国的澳门。抵达澳门后，由我国引水员领入内河，抵达黄埔。

值得注意的是，稍后纽约的"白特塞号"的出航是绕道合恩角驶往南洋，再从那里驶赴广州，然后取道好望角折回纽约，全程共计23个月。

■海上丝绸之路运输的丝绸

"中国皇后号"两次胜利远航广州和运回名贵的丝绸、瓷器、茶叶等物品的消息，很快便传遍了美国波士顿、费城、塞勒姆、普鲁维登斯、巴尔的摩等东部沿海城市。

于是，这些城市的富商们也纷纷派遣商船到广州贸易。1786年，费城的"广州号"商船和塞勒姆的"伟大的土耳其号"商船相继驶往广州。

继1790年3月"马萨诸塞号"从波士顿驶向广州之后，接着又有"华盛顿夫人号""香客号"从波士顿驶入广州。随着中美贸易的不断扩大，1805年有37艘美国船装载价值近575万美元的货物至广州进行贸易。至18世纪末，美国的对华贸易仅次于英国而居第二位。

自从清政府下令开海贸易并设立粤海关等4所海关之后，又实行"以官制商，以商制夷"的管理海外贸易的制度，于1686年在广州设立"十三行"经营对外贸易。

"十三行"也称洋行、洋货行、外洋行，"十三行"的名字源于明代。清初设立"十三行"并非固定13名行商，而是时多时少，数量一直在变化。

广东海关设立的时候，由于外国商船抵港的并不多，当时的"十三行"只有几家行商，凡是从内地运来的茶、丝等货物，都在这里交易、过秤、打包，并加上标记。经与外商洽谈订货之后，从这里运往黄埔，十分便利。

当时的"十三行"是广州官府特许经营海外贸易的唯一机构，它的职能包括如下几个方面：

第一，经营"外洋贩来货物及出海贸易货物"，即独揽广州的对外贸易，代购代销进出口货物；第二，行商向粤海关代纳所有进出口货物的关税；第三，按照官府的指令，转达政府对外商的有关规定和与外商之间的各项交涉；第四，负责监督外商，为外商做担保人。

上述4个方面是互相关联的不可分割的统一整体。清政府设立海关和在广州成立十三行作为专营对外贸易的机构，这些都是历史的进步，但赋予民间商业机构的某些外交事务，则给行商造成了不应有的压力和困难，甚至受到不应有的惩罚。这无疑是不合时宜的。

在对外贸易过程中，清政府为了严格控制外国商人特别是英国商人企图"移市入浙"，打进中国丝茶产区和害怕"外夷桀骜"，无法驾驭，便于1757年封闭福建、浙江、江苏三大海关，只保留广东海关一口对外通商，全国的进出口贸易统由广州出入。

从这时开始至1842年的80多年间，"十三行"总揽全国的对外贸易，成为我国唯一的独特的商贸团体。

后来，"十三行"行商组建公行团体，这在当时的历史条件下不仅是我国对外贸易方面的一个创举，而且很有必要。它可以使广州的对外贸易减少许多不必要的麻烦、纠纷和业务上的损失，可以促进行商之间的互济，可以加强与外商的沟通。

事实上，外商对公行这一

■海上丝绸之路的标志

团体机构也很满意。

伴随着广州与西方各国的贸易往来，西方的艺术家、科学家、学者、旅行家、传教士、医生也接踵而来。这些人或者出于商业的需要，或者慕名前来学习我国的文化艺术和了解人情风俗，或者出于传教，或者披着宗教的外衣，搜集情报。

那些到过我国的西方人，推动着更多的西方国家的人士学习我国的语言文字和生活习俗，收集我国国画、文学作品以及我国重要产品的制造技术和方法，并在一些西方国家掀起学习、仿制中国瓷器、纺织品和精湛工艺品的浪潮，出现了一股"中国热"。

意大利、荷兰、法国、德国、英国等西方国家都先后仿制中国瓷，英国于18世纪60年代在弓城设立的新广州瓷厂，设备和图式都来自广州。

尽管如此，清朝的海上丝绸之路并没有取得很大效益，由于清政府看不清当时形势，所做的贸易都是亏本生意。

清廷的闭关锁国政策，完全阻碍了清朝与西方世界的接触，使清朝丧失了与世界同步发展的最佳时期，为后来清朝百年积弱落后埋下伏笔，而清朝朝廷则有着不可推卸的责任。当时西洋的科技发展蓬勃，渐渐地超越了以土耳其为首的伊斯兰世界和以清朝为首的东方世界。

阅读链接

十三行是海上丝绸之路发展的产物，而海上丝绸之路自由贸易则是十三行成就的关键。

十三行是一个全国性的外贸垄断组织，是一个机构，也是一种制度。这种被学者们称为"广州制度"的十三行和制度是先进还是落后，是成功还是失败，学术上尚有争论。

十三行的历史经验告诉我们，中国需要开放，更多的开放，更主动的开放。十三行给我们留下一笔巨大的精神财富，这是宝贵的无形资产。

茶马古道是指存在于我国西部地区，以马帮为主要交通工具的民间国际商贸通道，是我国西南民族经济文化交流的走廊。

茶马古道兴于唐宋，盛于明清。分川藏、滇藏两路，连接川滇藏，延伸入不丹、尼泊尔、印度境内的为滇越茶马古道，直至西亚、西非红海海岸。

茶马古道是一个非常特殊的地域称谓，是一条世界上自然风光最壮观，文化遗产最丰富，开发潜力最大的地域。

汉藏通途 西部茶马古道

隋唐首先开辟茶马古道

　　在我国西南横断山脉的高山峡谷，在滇、川、藏"大三角"地带的丛林草莽之中，绵延盘旋着一条神秘的古道，这就是世界上地势最高的文明文化传播古道之一的"茶马古道"。

　　其中云南省丽江古城的拉市海附近有保存较完好的茶马古道遗址。

丽江茶马古道碑刻

■ 茶马古道运输商队雕塑

与丝绸之路齐名的茶马古道，在中华民族的文明史上占有重要地位，它在促进内地与藏区经济文化交流、加快藏区乃至内地文明进程，以及维护民族团结和国家统一等方面，都功不可没。

茶马古道是指存在于我国西南地区，以马帮为主要交通工具的民间国际商贸通道，是我国西南民族经济文化交流的走廊。

茶马古道源于古代西南边疆的茶马互市，兴于唐宋，盛于明清，连接川滇藏，延伸入不丹、锡金、尼泊尔、印度境内，直至西亚、西非红海海岸。

滇藏茶马古道大约形成于6世纪后期，它南起云南茶叶主产区思茅、普洱，中间经过大理白族自治州和丽江地区、香格里拉进入西藏，直达拉萨。

有时，茶马古道还要从西藏转口印度、尼泊尔，是古代我国与南亚地区一条重要的贸易通道。

茶马古道起源于唐宋时期的"茶马互市"。因康

普洱是"茶马古道"上的重要驿站。闻名中外的普洱茶，数百年来以"普洱"两字出名。然而，"普洱"地方，在唐宋元明时期，名为"步日睒""步日部"，到清代时才叫"普洱府"，而茶名却在清代前已称"普茶"。是因种茶民族"濮人"在其居住而得名。

青藏线茶马古道驿站

藏属高寒地区，海拔都在三四千米以上，糌粑、奶类、酥油、牛羊肉是藏民的主食。

在高寒地区，需要摄入含热量高的脂肪，但没有蔬菜，糌粑又燥热，过多的脂肪在人体内不易分解，而茶叶既能够分解脂肪，又防止燥热，故藏民在长期的生活中，创造了喝酥油茶的高原生活习惯，不过藏区却并不产茶。

而在内地，民间役使和军队征战都需要大量的骡马，但供不应求，恰恰藏区和川、滇边地盛产良马。于是，具有互补性的茶和马的交易即"茶马互市"便应运而生。

这样，藏区和川、滇边地出产的骡马、毛皮、药材等和川滇及内地出产的茶叶、布匹、盐和日用器皿等，在横断山区的高山深谷间南来北往，流动不息，并随着社会经济的发展而日趋繁荣，形成了一条延续千年的"茶马古道"。

从这个意义上说，"茶马古道"字面来讲是一个有着特定含义的历史概念，它在唐宋形成的初期，多指汉、藏之间以进行茶马交换而形成的一条交通要道。

但是，既然茶马古道是在漫长的历史年代形成的，当然也随着历史的演进而发生着变化。

据史料记载，我国茶叶最早向海外传播，可追溯至南北朝时期。当时我国商人在与蒙古毗邻的边境，通过以茶易物的方式，向土耳其输出茶叶。

隋唐时期，随着边贸市场的发展壮大，加之丝绸之路的开通，我国茶叶就以茶马交易的最初方式，经回纥及西域等地向西亚、北亚和阿拉伯等国输送，中途辗转西伯利亚，最终抵达俄国及欧洲各国。

从唐代开始，历代统治者都积极采取控制茶马交易的手段。唐756年至758年，在蒙古的回纥地区驱马茶市，开创了茶马交易的先河。

茶马古道主要有3条线路，即青藏线、滇藏线和

回纥 即回鹘，其全盛时期为8世纪至9世纪，以外蒙古之鄂尔坤河畔为据点，而进入中亚。该族最初为铁勒之一部，在突厥统治之下，至隋代时独立，后隶属唐。和唐王朝保持着相当密切的政治、经济和文化往来，促进了唐代的中外文化交流。

■ 茶马古道文化城

都督 我国古代军事首长的官名。最初是作为监督军队之官，后汉光武帝建武初年，因为征伐四方，乃于出征时暂时设置督御史以监督诸军，事成回师后则罢官。汉末三国时形成军事职称，在魏晋之后发展成为地方军事长官，明以后成为中央军事长官。

川藏线，在这3条茶马古道中，青藏线兴起于唐朝时期，发展较早；而川藏线在后来的影响最大，最为知名。这几条道路都与昌都有着密切的关系，其中，滇藏线和川藏线必须经过昌都，它们的发展是与茶马贸易密切相关的。

滇藏线茶马古道出现在唐朝时期，它与吐蕃王朝向外扩张和对南诏的贸易活动密切相关。

678年，吐蕃势力进入云南西洱海北部地区。680年建立神川都督府，吐蕃在南诏设置官员，向白蛮、黑蛮征收赋税，摊派差役。双方的贸易也获得长足的发展，茶马贸易就是重要内容之一。

南诏与吐蕃的交通路线大致与今滇藏公路相近，即从现在云南大理出发，北上至剑川，再北上至丽江，过铁桥城继续沿江北上，经锛子栏至聿赍城，前行到盐井，再沿澜沧江北上至马儿敢，即西藏芒康、

■ 滇藏茶马古道路线图石刻

■茶马古道文物

左贡，分两道前往西藏：一道经由八宿邦达、察雅到昌都；一道径直由八宿至波密，过林芝前往拉萨。

历史上茶马古道滇藏线有3条道路：一条由内江鹤丽镇汛地塔城，经过崩子栏、阿得酋、天柱寨、毛法公等地至西藏；一条由剑川协汛地维西出发，经过阿得酋、再与上一条道路相合至西藏；一条由中甸出发，经过尼色落、贤岛、崩子栏、奴连夺、阿布拉喀等地至西藏。其主要通道即与后来的滇藏线接近。

茶马古道在云南境内起点就是唐朝南诏政权的首府所有地大理。其中，大理、丽江、中甸、阿墩子即德钦等地，都是茶马贸易十分重要的枢纽和市场。

滇藏线茶马贸易有自己的特点，由云南内地的汉商把茶叶和其他物品转运到该地转销给当地的坐商或者西藏的贩运商人。又从当地坐商那里购买马匹或者其他牲畜、药材运至丽江、大理和昆明销售。

茶马贸易 也称茶马互市，起源于唐代，是我国西部历史上汉藏民族间一种传统的以茶易马或以马换茶为中心内容的贸易往来。实际上是朝廷在西部游牧民族中尚不具备征税条件的地区实行的一种财政措施。

文成公主

（625—680），我国唐太宗时皇室远支，任城王李道宗之女。松赞干布统一藏区，建立了吐蕃王朝。640年，他遣大相禄东赞至长安，献金5000两，珍玩数百，向唐朝请婚。太宗许嫁文成公主。在吐蕃被尊称甲木萨汉公主，文成公主对吐蕃贡献良多。

西藏、川藏的藏商，大多换取以茶叶为主的日用品返回西藏。运输工具主要是骡马和牦牛等。

具体说来，滇藏道起自云南西部西双版纳洱海一带产茶区普洱，经大理、丽江、中甸，即香格里拉县、德钦、芒康、察雅至昌都，再由昌都通往卫藏地区邦达、林芝至拉萨。

在唐代，青藏道是西藏地区与中原地区往来的主要交通道。唐代吐蕃王朝对外扩张，除南线争夺南诏外，几乎都是经青海地区，北线争夺河西、陇右、西线争夺安西四镇。

因此，吐蕃东线争夺剑南、唐蕃之间的和亲、问聘等使臣往来，都是由天水、大非川、暖泉、河源、通天河到拉萨。当年文成公主和金城公主也是经青海入藏的。

随着吐蕃王朝的瓦解，宋代藏族地区处于分裂状

■茶马古道雕塑

态，青藏道已失去了原有的军事要道和官道的作用。

但自唐代茶叶传入藏区以后，茶叶所具有助消化、解油腻的特殊功能，使肉食乳饮的畜牧人民皆饮茶成风。西北各族纷纷在沿边卖马以购买茶叶，而宋朝为了获得战马，便决定在西北开展茶马贸易，出卖茶叶，购买战马。

北宋熙宁以后便在四川设置茶马司，将四川产的茶叶运往甘肃、青海地区，设置卖茶场和买马场，并规定名山茶只许每年买马不得它用，每年买马达1.5万匹以上。

这样一来，就使青藏道由唐代的军事政治要道成为茶道。这是茶马古道的主要干线，也是长期以来人们对茶马古道的一种约定俗成的理解与认识。

阅读链接

文成公主乃唐朝以无名宗室之女和亲，金城公主实为和亲公主之真实宗室女身份，为雍王李守礼的女儿。

公主入藏，唐王朝明言，其为雍王李守礼之女。李守礼其父为章怀太子李贤，即唐高宗李治第六子，唐中宗与唐睿宗之兄。唐中宗亲自送金城公主至始平县，再以左卫大将军杨矩持节送往吐蕃。

金城公主生王子墀松德赞后，引起没有生育之大妃子纳朗嫉恨，趁公主分娩时抢走婴儿，对外宣称孩子是她所生。历时一年有余，金城公主方与儿子团聚。

明清茶马古道继续发展

　　茶马交易治边制度从隋唐始，至清代止，历经岁月沧桑近千年。在茶马市场交易的漫长岁月里，我国商人在西北、西南边陲，用自己的双脚，踏出了一条崎岖绵延的茶马古道。

　　唐宋时期，内地输往藏区的茶叶主要是青藏道。但自宋朝以来，

■茶马古道牌楼

甘孜州就是从四川至康区、西藏的川藏茶马古道的交通枢纽和要冲地带。

宋元时期，官府就在黎雅、碉门等地与吐蕃等族开展茶马贸易，但数量较少，所卖茶叶只能供应当地少数民族食用。

元代时，官府废止了宋代实行的茶马治边政策。

至明代，又恢复了茶马政策，而且更加重视，把这项政策作为统治西北地区各族人民的重要手段。

■运送茶叶使用的袋子

于是从明代开始，川藏茶道正式形成，川藏茶道的兴起，促使川藏沿线商业城镇的兴起和西藏与内地的联系加强。

明代初期，从川西到康藏的川康茶马古道主要有两条，一条从邛崃至名山、雅安、荥经、汉源、泸定、康定，然后出关经道孚、炉霍、甘孜、德格，渡金沙江进入西藏。

从邛崃至康定段俗称"大路"，由此道进入康定的茶称"大路茶"。明代时期，黎、雅、碉门成为川西茶马互市的最大市场，史书中有对"秦巴之茶"的记载：

自碉门、黎、雅，抵朵甘、乌斯藏，五千余里皆用之。

明洪武年间，又开通了一条从碉门经泸定岚安、烹坝的茶马贸易通道，于岩州设市，置岩州卫，保护市易。川西茶马互市的市场从黎

茶马古道上的人马雕像

州西移至岩州，即泸定县岚安乡。该道在历史上俗称为"小路"，沿此道运往打箭炉的茶称"小路茶"。打箭炉即康定。

由此，川藏道进入康定起，就分成南、北两条支线：北线是从康定向北抵达昌都，再由昌都通往西藏地区；南线则是从康定向南，经雅江、理塘、巴塘、芒康、左贡至昌都，再由昌都通向西藏地区。

由于明朝运往西北输入藏区的茶叶仅占全川产量的十分之一，支付在甘青藏区"差发马"所需茶叶，其余大部川茶，则由黎雅输入藏区。而西藏等地藏区僧俗首领向明廷朝贡的主要目的又是获取茶叶。因此，他们就纷纷从川藏道入贡。

1398年5月，在四川设茶仓四所，"命四川布政使移文天全六番招讨司，将岁输茶课乃输碉门茶课司，余就地悉送新仓收贮，听商交易及与西蕃市马"。

1458年，明朝规定今后乌思藏地方该赏食茶，于碉门茶马司支给，这样就会促使乌思藏的贡使只得由川藏道入贡，不再由青藏的洮州路入贡。

1470年，明廷更明确规定乌思藏赞善、阐教、阐化、辅教四王和附近乌思藏地方的藏区贡使均由四川路入贡。

同时，明朝在雅州、碉门设置茶马司，每年数百万千克茶叶输往康区转至乌思藏，从而使茶道从康区延伸至西藏。

而乌思藏贡使的往来，又促进了茶道的畅通。于是由茶叶贸易开拓的川藏茶道同时成为官道，而取代了青藏道的地位。

明太祖洪武年间，一匹上等马最多换茶叶60千克。明万历年间，则定一匹上等马换茶30篦，中等20篦，下等15篦。

明代文学家汤显祖在《茶马》诗中这样写道："黑茶一何美，羌马一何殊。羌马与黄茶，胡马求金珠。"足见当时茶马交易市场的兴旺与繁荣。

汤显祖（1550—1616），我国明代戏曲家、文学家。在戏曲创作方面，反对拟古和拘泥于格律。作有传奇《牡丹亭》《邯郸记》《南柯记》《紫钗记》，合称《玉茗堂四梦》。在戏曲史上，和关汉卿、王实甫齐名，在我国乃至世界文学史上都有着重要的地位。

■ 茶马古道上的马塑像

打箭炉 即康定。相传，三国时期蜀汉军师诸葛亮率大军南征孟获，途经雅安，曾遣一名叫郭达的将军，到今天的康定城一带为军队造箭，郭达将军一人每天能造箭数千支，当地百姓感到惊奇，将其视为神灵供奉，并将郭达造箭之地叫作"打箭炉"。

明代末期，岩州市废，打箭炉市兴。进入清朝后，打箭炉成为藏区盛极一时的汉藏贸易中心，同时也成为汉藏文化交流的中心，历代中央王朝治藏的重镇。

清朝进一步加强了对康区和西藏的经营，设置台站，放宽茶叶输藏，打箭炉成为南路边茶总汇之地，更使川藏茶道进一步繁荣。

川藏道崎岖难行，开拓十分艰巨。由雅安至康定运输茶叶，少部分靠骡马驮运，大部分靠人力搬运，称为"背背子"。

那时，行程按轻重而定，轻者日行30多千米。途中暂息，背子不卸肩，用丁字形杵拐支撑背子歇气。杵头为铁质，每杵必放在硬石块上，天长日久，石上留下窝痕，数百年后仍清晰可见。

从康定到拉萨，除跋山涉水之外，还要经过许多人烟稀少的草原，茂密的森林，辽阔的平原。要攀登陡峭的岩壁，两马相逢，进退无路，只得双方协商作

■茶马古道骡马雕像

价，将瘦弱马匹丢入悬岩之下，而让对方马匹通过。

要涉过汹涌咆哮的河流，巍峨的雪峰。长途运输，风雨侵袭，骡马驮牛，以草为饲，驮队均需自备武装自卫，携带幕帐随行。

青藏高原，天寒地冷，空气稀薄，气候变幻莫测，民谚说：

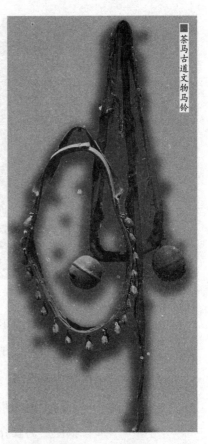

正二三，雪封山；四五六，淋得哭；七八九，稍好走；十冬腊，学狗爬。

这更加形象地描述了行路艰难的景况。

川茶就是在这艰苦的条件下运至藏区各地的，川藏茶道就是汉藏人民在这样艰苦条件下开拓的。川藏茶道的开拓，也促进了川藏道沿线市镇的兴起。

大渡河畔被称为西炉门户的泸定，明末清初不过是区区"西番村落"，为南路边茶入打箭炉的重要关卡。

1706年，建铁索桥。外地商人云集泸定经商。至1911年，设为县治，后来发展到商贾30余家，成为内地与康定货物转输之地。

康定在元代时尚是一片荒凉原野，关外各地及西藏等处商人运土产至此交换茶叶布匹，只得搭帐篷竖锅桩，作为住宿之处，明代才形成一个村落。随着藏汉贸易南移，逐渐发展成为边茶贸易中心。

1729年，置打箭炉厅，设兵戍守其地，番汉咸集，交相贸易，成

■ 茶马古道路牌

锅庄 又称果卓、歌庄、卓等，藏语意为圆圈歌舞，藏族的三大民间舞蹈之一。在节日或农闲时跳。锅庄分为用于大型宗教祭祀活动的"大锅庄"、用于民间传统节日的"中锅庄"和用于亲朋聚会的"小锅庄"等几种，规模和功能各有不同。

为闹市。

从此"汉不入番，番不入汉"的壁垒被打破，大批藏商越静宁山进入康区，大批的陕商和川商涌入康区。内外汉番，都聚集在一起。

这个因茶叶集市而兴起的城市，藏汉贸易通过"锅庄"为媒介，雍正至乾隆时期，锅庄由13家发展为48家，商业相当繁荣，成为西陲一大都市。

此外还有里塘、巴塘、道孚、炉霍、昌都、松潘等地都是在清代茶道兴起而发展成为商业城镇的。

总之，川茶输藏是促进川藏交通开拓和川藏高原市镇兴起的重要因素。

川藏线既是一条经济线，也是一条政治线、国防线，它把我国内地同西藏地区更加紧密地连接在一起，使近代的外国帝国主义势力再也无力把西藏从我国分离出去。

清代，茶马治边政策有所松弛，私茶商人较多，在茶马交易中则费茶多而获马少。1735年，官营茶马交易制度终止。

鸦片战争以后，英帝国主义为了侵略西藏，就力图使印茶取代川茶在西藏行销。他们认为一旦印茶能取代川茶的地位，英国即可垄断西藏之政治与经济。

为此，英帝国主义甚至用武力入侵拉萨，强迫印茶输藏。从此，反对印茶销藏，保护川茶销藏，成了我国汉、藏人民反对英国侵略西藏的重要内容。

当时西藏人民为了国家利益，宁愿以高出印茶十来倍的价格购买川茶，而拒食印茶。西藏地方政府面临印茶销藏带来的政治经济危机，更是竭力主张禁止印茶入藏。

十三世达赖喇嘛还亲自出面向清廷呼吁，要求清朝政府配合行动，制止印度茶销藏。清朝四川总督刘秉璋更是主张力禁印茶进藏，免贻后患无穷。

清朝廷奉命与英国谈判《藏印通商章程》的张荫棠从汉藏经济、政府收税以及茶农茶商利益考虑，也力主反对英国在西藏倾销印茶，

■茶马古道小巷

■川藏线上的小镇

保护川茶销藏。

其后川督赵尔丰为了反对英帝侵略西藏，保卫边疆，则在雅安设立边茶公司，支持西藏人民抵制印茶。

边茶公司改良茶种，整顿川茶，并在西藏设立分公司，打破了边茶不出炉关的限制。并在里塘、巴塘、昌都设立售茶分号，减少中间环节，迅速将川茶运往西藏。

从这个意义上说，在茶马古道上，四川茶叶也成了汉藏民族共同反对英帝国主义侵略西藏、倾销印茶的斗争武器。

阅读链接

20世纪初期，印茶乘机大量销入藏区，西藏地方上层在英帝国主义的煽动下进攻川边地区，四川与西藏发生军事冲突。

双方的亲密联系有所削弱，唯有川茶仍畅行于川藏之间。

在当时的特殊历史条件下，川茶更成为一种"国防商品"，沟通内地与西藏的重要经济联系，并借此而增进了西藏地方政府与中央的政治关系和汉藏民族团结。